Más Allá del Duelo

Desarrollo Personal

Benak

Published by Benak, 2024.

MÁS ALLÁ DEL DUELO

First edition. September 23, 2024.

Copyright © 2024 Benak.

ISBN: 979-8227165220

Written by Benak.

Palabras del autor

Al asumir el papel de narrador de esta epopeya sobre el duelo, estoy impulsado por un profundo deseo: extender mi mano a aquellos que, en el sinuoso camino de la vida, se encuentran envueltos en la fría sombra del duelo. No soy ajeno a estas oscuras tierras; yo mismo he sido bautizado en las ardientes llamas del duelo, moldeado y transformado por su toque despiadado. He recorrido los laberintos perplejos de este viaje, he conocido sus callejones sin salida, sus momentos de desorientación y sobrecarga bajo el peso del desconcierto.

El libro que compongo pretende ser un rayo de esperanza en la oscuridad para aquellos en duelo. Mi ambición es proporcionar una guía, apoyo, herramientas y consejos para enfrentar el duelo, para continuar abrazando la vida incluso después de ser sacudido por una pérdida. Me esfuerzo por revelar las múltiples caras del duelo, ofrecer caminos para trascender esta prueba, compartir estrategias para cuidarse en momentos de fragilidad y trazar rutas para reanudar la vida después de ser tocado por el duelo.

Este relato es también un esfuerzo por romper las cadenas de los tabúes que envuelven al duelo, creando una obra que aborde esta experiencia de manera abierta, sincera y auténtica. Deseo integrar en estas páginas los relatos de aquellos que han danzado con el duelo, tejiendo una red de voces y experiencias, con la esperanza de que este libro pueda servir de faro para quienes buscan comprender y trascender su propio duelo.

A través de estas palabras, aspiro a tocar corazones y mentes, a ofrecer un espacio de consuelo y comprensión. Quiero mostrar que el duelo, aunque sea un adversario formidable, no es un enemigo insuperable. Es posible encontrar un camino a través del dolor, descubrir una fuerza inesperada en uno mismo, y reconectarse con la belleza de la vida, incluso después de ser tocado por la pérdida.

Este libro es, por lo tanto, más que una simple compilación de palabras y capítulos; es una odisea personal y colectiva, un viaje a través de las aguas tumultuosas del duelo. Es una invitación a explorar el paisaje del dolor, a aprender a navegar en sus corrientes, a descubrir la resiliencia del espíritu humano y renacer, transformado y enriquecido, del otro lado del duelo.

Al compartir mi experiencia y reunir las vivencias de otros, busco tejer una alfombra de relatos que ofrezca tanto consuelo como una guía para atravesar estos momentos difíciles. Este libro es un testamento a la capacidad del alma humana de encontrar luz en la oscuridad, esperanza en la desesperación y belleza en el dolor. Es un homenaje a nuestra increíble capacidad de resiliencia, a nuestra inagotable búsqueda de significado y a nuestro indomable deseo de continuar amando, viviendo y soñando, incluso frente a lo inimaginable.

El duelo, ese rito de paso universal e inevitable, teje su tela en la trama de cada existencia humana. Sin embargo, a pesar de su omnipresencia, a menudo sigue siendo un tema envuelto en silencio, un tabú que se duda en romper. En estas páginas, aspiro a desmantelar estos tabúes, a fomentar un diálogo abierto sobre el duelo, para crear una cultura donde compartir esta prueba no solo sea posible, sino también liberador. A través de esta palabra liberada, aquellos en duelo podrán sentirse menos aislados, comprendiendo que su experiencia es una faceta normal y universal de la existencia humana.

Este libro pretende ser un faro que ilumina los aspectos variados y complejos del duelo. Ofrece una visión clara y accesible de los diferentes tipos de duelos, de sus orígenes profundos, y de los caminos para trascenderlos. A lo largo de las páginas, encontrarán consejos prácticos para enfrentar el duelo, sugerencias para cuidarse en estos momentos de vulnerabilidad y pistas para seguir viviendo después de un duelo.

Los lectores también descubrirán relatos conmovedores de aquellos que han viajado a través del paisaje del duelo, historias que resuenan con verdad y profundidad. Incluyo también referencias a lecturas enriquecedoras y recursos complementarios, ofreciendo así una multitud de perspectivas y una profundidad de comprensión sobre este tema.

Este libro está diseñado para ser más que una simple guía; es un cofre de herramientas, una fuente de consuelo e inspiración para aquellos que atraviesan las aguas turbulentas del duelo. Aspira a romper las cadenas de los tabúes que sofocan las conversaciones sobre el duelo, para establecer una cultura donde la libre expresión de esta experiencia se convierta en una norma benevolente.

Este manuscrito es una invitación a abrazar el duelo no como un enemigo, sino como una parte integral de nuestro viaje humano. Es una búsqueda para comprender el duelo, para domarlo, para extraer de él lecciones de vida, de resiliencia y de esperanza. Este libro se propone ser una brújula para aquellos que buscan comprender su propia experiencia del duelo, trascenderla, encontrarle un sentido y, finalmente, seguir su camino con una nueva sabiduría.

A través de estas páginas, espero inculcar un sentimiento de solidaridad, una seguridad de que en el vasto océano del duelo, ninguno de nosotros está realmente solo. Mi deseo es que este libro sirva de puente entre las almas en duelo, ofreciendo un espacio para compartir, para sanar y para crecer. Este libro es un homenaje a la fuerza del espíritu humano, a su capacidad para superar las pruebas más dolorosas y encontrar en ellas la luz de una comprensión más profunda y una compasión ampliada.

En resumen, este libro es una palmada en el hombro, un susurro en el oído, una mirada comprensiva en momentos de soledad. Es un compañero para aquellos que caminan en la sombra del duelo, una guía hacia un camino de luz, comprensión y renovación.

Introducción

Todos viajamos, en algún momento, por el laberinto oscuro y misterioso de la pérdida y el duelo. Este viaje, semejante a un rito ancestral y universal, se inscribe en el mármol de la condición humana, una componente ineludible de nuestra existencia en esta tierra efímera. Nuestras pérdidas, tan diversas como las estrellas en el cielo nocturno, pueden tomar la forma de una vida querida que se extingue, de una vocación que nos definía desvaneciéndose en la sombra, de la desaparición de un compañero peludo que iluminaba nuestros días con su presencia silenciosa, o de la erosión de un rol social que moldeaba nuestra identidad.

El duelo es una danza compleja e íntima con los espectros del pasado. Nos sacude en lo más profundo de nuestra alma, alterando no solo nuestro equilibrio emocional y psicológico, sino también influyendo en nuestras realidades físicas, sociales y espirituales. En este ballet de recuerdos, navegamos entre las olas de la melancolía y las corrientes de la aceptación, buscando encontrar un equilibrio precario en el torbellino de nuestras emociones.

Como un arroyo que serpentea caprichosamente a través de un bosque denso, el duelo traza su propio camino a través del tejido de nuestra vida. Comprender que el duelo no es una anomalía, sino una respuesta natural y normal a las pérdidas que sufrimos, es esencial. Aunque puede ser desgarrador y agotador, el duelo no es un callejón sin salida sin esperanza. Al contrario, es un camino tortuoso, a menudo solitario, en el que cada persona avanza a su propio ritmo, con sus propios meandros y desvíos.

No existe un mapa universal para navegar en los meandros del duelo. Cada uno de nosotros, con nuestras experiencias y recuerdos, dibujamos nuestro propio mapa, marcado por los contornos de nuestra vivencia personal. En este camino, los recuerdos se convierten en faroles que iluminan nuestros pasos, mientras que las lágrimas se transforman en ríos que purifican nuestro corazón herido.

En este viaje, los momentos pasados con aquellos que hemos perdido se convierten en tesoros preciosos, encerrados en los cofres de nuestra memoria. Cada recuerdo, como una joya brillante, evoca una sonrisa, un gesto, una palabra dulce, carcajadas que resuenan en el silencio de nuestra soledad. Estos recuerdos, como faros en la noche negra de nuestro dolor, nos guían hacia una orilla de paz y aceptación.

El duelo nos enseña también la importancia de la resiliencia y de la fuerza interior. A través de las lágrimas y las noches interminables, descubrimos en nosotros una fuerza insospechada, una capacidad para resistir y perseverar. En esta prueba, aprendemos el arte de la paciencia y de la compasión, no solo hacia nosotros mismos, sino también hacia aquellos que nos rodean y que atraviesan sus propias tormentas interiores.

El duelo, en última instancia, es un viaje hacia una comprensión más profunda de la fragilidad y del valor precioso de la vida. Nos recuerda que cada instante es un regalo, que cada respiración es un susurro de la vida que continúa a pesar de todo. En esta toma de conciencia, encontramos un nuevo sentido a nuestra existencia, una nueva apreciación por los momentos compartidos y los lazos que nos unen a los demás.

Recorriendo este camino, aprendemos a acoger la tristeza con gracia, a abrazar la melancolía sin ahogarnos en ella. Aprendemos que el duelo no es un estado permanente, sino un paso, una metamorfosis, un rito de paso hacia una nueva comprensión de la vida y de la muerte. En este viaje, nunca estamos realmente solos. Los recuerdos de aquellos que hemos perdido, sus enseñanzas, sus risas y sus lágrimas, nos acompañan, guiando nuestros pasos hacia un futuro donde el dolor se transforma en sabiduría, y donde el duelo se convierte en un testimonio de amor eterno.

Sin embargo, si el duelo puede sumergirnos en un océano de dolor, también nos ofrece la posibilidad de aprender a navegar en estas aguas tumultuosas y encontrar una orilla apacible. Este manuscrito se propone ser un faro para aquellos arrastrados por la tormenta del duelo, iluminando las múltiples facetas de esta prueba, su anclaje profundo en nuestras existencias, sus diversas manifestaciones y los caminos posibles para encontrar consuelo y sosiego en nuestro dolor.

Este libro tiene el propósito de guiarle en la comprensión del duelo en todas sus formas, y de proveerle de herramientas para transformar su dolor en una fuente de poder. Está diseñado para enseñarle cómo abrazar su duelo, cómo recorrer el camino hacia la curación. Se esfuerza en demostrar que, aunque el duelo pueda presentarse como un adversario implacable, es posible superar los obstáculos que disemina en nuestro camino.

El duelo es el eco del amor que hemos perdido, una respuesta emocional y psicológica al vacío creado por una pérdida. Es una tormenta que ruge en nosotros, nacida de la ausencia de un ser querido, de una cosa o de un estatus que nos era preciado. Es un proceso natural e inevitable que, aunque pueda desgarrarnos por dentro, también tiene el poder de reconstruirnos, de permitirnos cicatrizar y continuar nuestro viaje de vida. Es un compañero exigente, pero ineludible en el camino de la existencia. Esperamos que este libro le acompañe en su recorrido personal a través del duelo y le ayude a descubrir la luz de la vida más allá de las tinieblas.

En estas páginas, descubrirá que el duelo no es simplemente una serie de etapas a superar, sino un viaje único y personal, marcado por momentos de desesperación y revelación. Aprenderá a reconocer las diferentes formas que el duelo puede tomar, a comprender cómo se infiltra en nuestros pensamientos, sueños e incluso en nuestras actividades cotidianas. Explorará maneras de enfrentar la intensidad de las emociones, de encontrar consuelo en los recuerdos y de extraer lecciones de los momentos más oscuros.

También abordaremos la importancia de la expresión de las emociones, de la aceptación de la realidad de la pérdida y del tiempo necesario para sanar. Este libro pone de relieve que el duelo no es un enemigo a vencer, sino un aspecto de nuestra humanidad a comprender e integrar. Se trata de reaprender a vivir con una parte de uno mismo transformada, de encontrar nuevos significados y nuevas alegrías a pesar de la ausencia.

Aquí encontrará historias, reflexiones y ejercicios prácticos que le ayudarán a navegar en sus propias aguas turbulentas. Cada capítulo está diseñado para ofrecerle un rayo de esperanza y comprensión, para mostrarle que incluso en las profundidades del duelo, es posible encontrar un sentimiento de paz y reconexión con la vida.

Este libro es una invitación a abrazar el duelo no como el fin del viaje, sino como una etapa crucial hacia una comprensión más profunda de uno mismo y del mundo. Busca guiarle a través de las olas tumultuosas del duelo, para llevarle a una orilla donde el dolor se transforma en sabiduría, donde las lágrimas se convierten en perlas de fortaleza y donde el recuerdo se convierte en un puente hacia el futuro.

En estas páginas, aprenderá que el duelo, aunque sea una prueba, también es una oportunidad de crecimiento personal y de renovación. Es un camino lleno de obstáculos, pero también de descubrimientos inesperados sobre uno mismo y sobre la naturaleza del amor. En última instancia, este libro busca mostrarle que, incluso en las horas más oscuras, existe una luz de esperanza y un camino hacia un futuro donde el dolor se funde en un paisaje más amplio de amor, gratitud y renovación.

Las múltiples facetas del duelo

En los meandros laberínticos del duelo, donde cada sendero representa un matiz diferente de esta experiencia, les invito a seguirme. Permítanme ser su guía a través de este laberinto de emociones, donde cada paso y cada reacción moldea un fragmento de nuestro viaje interior.

1- **La esfera emocional**: imaginen una tormenta repentina estallando en un cielo antes sereno, así es el duelo que desencadena una tempestad de emociones. La tristeza nos envuelve con su manto pesado, sumergiéndonos en un océano de lágrimas. Como una ola implacable, nos arrastra, nos sumerge, nos deja flotar en un universo donde el dolor es nuestra única compañía.

La ira, por su parte, surge como una llama feroz y ardiente, un fuego que quema con la intensidad de la injusticia sufrida. Nos sacude, nos impulsa a luchar contra la cruel realidad de nuestra pérdida, dejándonos exhaustos, pero vivificados por su energía ardiente. La ira es el grito de nuestro corazón frente a lo inaceptable, un rechazo vehemente a someternos a la fatalidad.

La culpa, pesada y opresiva, pesa sobre nuestro pecho como una roca implacable. Nos tortura con "si solo", remordimientos que giran en bucle en nuestra mente, preguntas sin respuesta que atormentan nuestras noches. Esta piedra de culpa es la carga de los momentos perdidos, de las palabras no dichas, de las oportunidades no aprovechadas.

Y luego, está el miedo, esa sombra que acecha en la periferia de nuestra conciencia. Nos hace temblar ante la idea de un futuro huérfano de nuestros seres queridos, de nuestra existencia anterior. Este miedo genera olas de ansiedad, un sentimiento de inseguridad ante un mundo que ha perdido parte de su sentido, de su color.

Cada emoción, en su intensidad y su verdad, es un eco de nuestro amor y nuestro apego. Son testigos de la profundidad de nuestros lazos, marcas indelebles de nuestra humanidad. Cada una de ellas, en su dolor y su fuerza, forma parte integral de la experiencia universal del duelo.

Este viaje a través de la esfera emocional del duelo es un camino necesario, un recorrido que nos permite llorar, rebelarnos, lamentarnos y finalmente, empezar a sanar. Cada lágrima, cada grito de ira, cada suspiro de remordimiento es un paso hacia la comprensión, hacia la aceptación, hacia la paz. En este laberinto de emociones, aprendemos a abrazar nuestra vulnerabilidad, a aceptar nuestra fragilidad, y a reconocer la fuerza que reside en nuestra capacidad de sentir profundamente.

Al atravesar estas vías emocionales, honramos no solo a quienes hemos perdido, sino también a nosotros mismos, en toda nuestra complejidad y humanidad. Cada paso en este laberinto es un paso hacia una comprensión más profunda de nosotros mismos, un paso hacia un futuro donde el dolor da paso a la sabiduría, donde el duelo se convierte en un puente hacia una renovación interior.

2- **Las transformaciones físicas**: en la estela del duelo, nuestro cuerpo se hace eco del alma en sufrimiento. Como si cada fibra de nuestro ser reaccionara al dolor interior, somos asaltados por síntomas físicos - dolores de cabeza punzantes, noches pobladas de insomnios y apetitos caprichosos. Estas manifestaciones corporales no son meras reacciones fisiológicas; son el espejo de nuestro tormento interior, una prueba palpable de que el duelo es una experiencia holística, que abarca cada aspecto de nuestra existencia.

Estos cambios físicos, sutiles o abrumadores, son las señales de nuestro cuerpo que llora, que lucha en el océano tumultuoso del dolor. Nos recuerdan que el duelo no es solo una cicatriz del alma sino también una herida del cuerpo, una marca indeleble de la pérdida que hemos sufrido. En estos momentos, nuestros cuerpos se convierten en campos de batalla donde se juegan los dramas del alma, donde cada latido del corazón es un recordatorio de la ausencia, cada aliento un susurro de nostalgia.

3- Las revoluciones sociales: la pérdida también provoca un terremoto en el paisaje de nuestras relaciones sociales. Como islas repentinamente aisladas por un cataclismo, nos encontramos distanciados del mundo exterior, nuestra dolor formando una barrera invisible pero infranqueable. Las interacciones sociales, antes fuentes de alegría y consuelo, se convierten en laberintos complejos, pruebas que parecen insuperables.

En esta nueva realidad, nuestra confianza en nosotros mismos vacila, sacudida por el trastorno de nuestro universo personal. Nos enfrentamos a la incertidumbre de nuestro lugar en un mundo que parece haber cambiado de la noche a la mañana, un mundo donde nuestros referentes habituales han sido barridos por la tormenta del duelo. Esta revolución social no es simplemente un cambio en nuestras interacciones, sino un cuestionamiento profundo sobre nuestra identidad, sobre nuestro papel en el tejido de las relaciones humanas.

El duelo, en sus repercusiones físicas y sociales, es un viaje a través de un paisaje transformado, un mundo donde nuestros cuerpos y nuestros lazos sociales son cuestionados, redefinidos. Es un camino sembrado de obstáculos, pero también de posibilidades de renovación, donde aprendemos a navegar en un entorno cambiado, a redescubrir nuestro lugar entre los demás, a reconstruir nuestra identidad sobre las ruinas de nuestro antiguo yo. En este viaje, estamos invitados a redefinir nuestras relaciones, a escuchar los susurros de nuestros cuerpos, y a encontrar un nuevo equilibrio en un mundo reinventado por el duelo.

4- **Las metamorfosis cognitivas**: en la sombra del duelo, nuestros pensamientos y percepciones sufren una metamorfosis sutil. Como un velo brumoso cubriendo el paisaje de nuestra mente, el duelo puede velar nuestra concentración, erosionar nuestra memoria, sembrar dudas en nuestras decisiones y alterar nuestro juicio de las situaciones. Como una niebla que se infiltra en los rincones de nuestra mente, cuestiona nuestras creencias, tanto sobre nosotros mismos como sobre los demás, revelando un mundo interior tan trastornado como nuestro mundo exterior por la pérdida.

Esta transformación cognitiva es una prueba de nuestra resiliencia, un test de nuestra capacidad para navegar en un universo mental redefinido. Nuestros pensamientos, antes claros y ordenados, pueden parecer ahora borrosos y desordenados, como estrellas veladas por las nubes del dolor. Pero en este desorden, también hay una posibilidad de renovación, una oportunidad de redescubrir y reconstruir nuestro mundo interior.

5- **Las evoluciones espirituales**: ante la pérdida, a menudo somos llevados a una introspección espiritual profunda, a un cuestionamiento sobre los misterios de la vida, del alma y sobre nuestras convicciones espirituales o religiosas. Son momentos en los que nuestras valores más profundos son escrutados, donde nuestra comprensión de la existencia y del sentido de la vida es puesta a prueba.

Estas evoluciones espirituales pueden ser desestabilizadoras, pero también enriquecedoras. Nos llevan a repensar nuestra relación con el mundo, con la vida, con la muerte y con todo lo que se encuentra entre ambos. En este proceso, podemos descubrir nuevas verdades, nuevas formas de percibir el mundo y, quizás, incluso una paz interior renovada.

Es crucial reconocer que estos aspectos del duelo están entrelazados como los hilos de un tejido complejo y ricamente texturizado. El recorrido de cada persona a través de este laberinto es único. Como nuestros caminos de vida son distintos y personales, nuestros caminos en el duelo lo son igualmente. Es una danza con la sombra y la luz, una danza donde aprendemos a evolucionar a nuestro propio ritmo, con nuestros propios movimientos, nuestros propios pasos.

Navegar por el duelo es, por tanto, un viaje personal y profundamente introspectivo. Es un camino que nos lleva a través de transformaciones y evoluciones, no solo en nuestra forma de pensar y sentir, sino también en nuestra forma de ver y entender el mundo y nuestro lugar en él. Cada etapa de este viaje es una oportunidad para aprender, crecer y, finalmente, encontrar un nuevo significado a nuestra existencia en un mundo cambiado.

La reacción emocional

La respuesta emocional ante el duelo es un caleidoscopio complejo, que puede presentar matices radicalmente diferentes de una persona a otra. Entre las emociones frecuentemente encontradas en el período de duelo, se incluyen la tristeza, la ira, el sentimiento de culpa, el miedo, la negación, la ansiedad, el aislamiento y la desesperación. Estas emociones pueden ser particularmente intensas, sucediéndose rápidamente o alternando de manera más lenta.

Imaginemos un alma que acaba de perder a un ser querido. La tristeza y el dolor son tan profundos como el océano, la pérdida parece insuperable y las lágrimas son una constante. Esta persona también puede sentir ira, hacia la divinidad, la persona responsable de la muerte, o incluso hacia el que se ha ido, dejándola sola frente a la ausencia. El sentimiento de culpa podría surgir, un pensamiento obsesivo de que no se cuidó lo suficiente al ser querido, o de que no se expresaron los sentimientos mientras aún había tiempo.

Ahora consideremos a alguien que atraviesa la tormenta de una ruptura sentimental. La ira y la tristeza hacia su pareja pueden ser las primeras emociones en manifestarse. La culpa podría seguir, la duda de no haber sido lo suficientemente bueno, o de que un error cometido causó la separación. Y finalmente, el miedo podría instalarse, el miedo a un futuro solitario, el temor de no volver a encontrar el amor.

Es esencial comprender que estas reacciones emocionales son naturales, y no son en ningún caso signo de inestabilidad o incapacidad para manejar el duelo. Es vital dar a cada uno el espacio para expresar sus emociones y brindarle apoyo en este proceso. También es crucial entender que la intensidad y la duración de estas reacciones emocionales pueden variar según los individuos y no se viven necesariamente de la misma manera por todos.

Aquí hay algunas otras ilustraciones de reacciones emocionales a menudo encontradas durante un duelo:

1. Una persona que acaba de perder su trabajo puede sentir ira hacia su empleador o las circunstancias que condujeron a su despido. La ansiedad puede surgir al pensar en las dificultades financieras venideras y en la búsqueda de un nuevo empleo.

2. Una persona que acaba de perder a un animal de compañía puede verse abrumada por una profunda tristeza y un sentimiento de aislamiento, habiendo perdido a un compañero fiel que ocupaba un lugar significativo en su vida. La culpa también puede emerger, con la incesante interrogante de si podría haber hecho algo para evitar la muerte de su mascota.

3. Una persona que acaba de perder un papel clave o una situación social importante, como un matrimonio, puede sentir tristeza, ira y culpa, sintiéndose responsable del fin de esa relación o situación. El miedo y la ansiedad también pueden surgir, frente al futuro incierto y la perspectiva de reconstruir su vida.

Es importante destacar que estas reacciones emocionales no son fijas; son como olas en el océano, cambiantes y evolutivas, y no se experimentan necesariamente de la misma manera por todos. En el corazón de la tormenta emocional del duelo, es esencial recordar que lo que sientes es normal. No hay una forma correcta o incorrecta de experimentar el duelo. Cada persona es un universo único y su forma de vivir el duelo será igualmente única.

Es crucial darse permiso para experimentar estas emociones y detenerse en ellas sin juicio. A veces, la tristeza puede ser tan abrumadora que se vuelve insoportable, y otras veces, la ira puede ser tan intensa que quema todo a su paso. La culpa puede infiltrarse como una sombra, sugiriendo "si solo" y "qué pasaría si". Pero sepa que estas emociones son su derecho como ser humano. Son reflejo de su amor, su apego y su humanidad.

Al mismo tiempo, es vital comprender que estas emociones no definen quién eres. Son visitantes temporales en el paisaje de tu alma. Vienen con un mensaje para ti, tal vez un llamado a la compasión, la paciencia, la aceptación o la liberación.

También es importante recordar que no estás solo en este viaje. Hay otras almas que atraviesan el mismo océano de dolor. También hay guías, apoyos y recursos disponibles para ayudarte a navegar por las aguas tumultuosas del duelo.

En última instancia, el duelo es un viaje de transformación. Rompe las conchas que nos encierran y nos abre a profundidades de compasión, sabiduría y amor que quizás nunca hubiéramos descubierto de otra manera. Es un viaje difícil, ciertamente, pero también es un viaje que puede conducir a una profunda curación y crecimiento personal. El duelo es una parte de la vida, al igual que el amor, la alegría, el dolor y la risa. Es una parte del gran tejido de la existencia humana. Y en el gran plan del Universo, todo tiene su lugar, incluido el duelo.

Así que, a ti que estás atravesando el duelo, te digo: eres fuerte. Eres resistente. Y no estás solo. Estás en un viaje, un viaje tan antiguo como la humanidad misma. Y a pesar del dolor y la confusión, encontrarás tu camino. Porque tienes en ti una fuerza increíble y una capacidad de curación que quizás ni siquiera sospechabas.

Y recuerda: siempre hay esperanza, incluso en los momentos más oscuros. Porque incluso en la noche más oscura, siempre amanece.

En el viaje emocional que es el duelo, cada individuo avanza a su propio ritmo único. Algunas almas pueden experimentar reacciones más profundas o duraderas, como si atravesaran un desierto sin fin. Otros parecen ser más resilientes, atravesando rápidamente la tormenta del duelo, como un río que fluye con aparente fluidez. Sin embargo, es esencial recordar que todas estas reacciones emocionales son normales y necesarias. Son como las olas del océano que moldean la costa, permitiendo al individuo enfrentar la pérdida, aceptarla y continuar navegando en el flujo de la vida.

Es indudablemente vital brindar apoyo sincero y una escucha atenta a aquellos que navegan en las aguas tumultuosas del duelo. Es igualmente importante ayudarlos a encontrar formas de manejar sus emociones de manera saludable, como un marinero aprende a usar los vientos y las corrientes para navegar de manera segura.

Algunas personas pueden experimentar reacciones emocionales más específicas relacionadas con el duelo, como el "Bargaining" o la negociación. Es como si intentaran negociar con el universo, intercambiar algo a cambio de la pérdida que han sufrido. Por ejemplo, una persona que acaba de perder a un ser querido puede decirse: "Si solo hubiera hecho esto o aquello, todavía estaría vivo" o "Si prometo cambiar algunas cosas en mi vida, tal vez podría traerlo/a de vuelta". Es como si estuvieran comprometidos en una danza delicada con la realidad, tratando de reescribir el pasado o negociar un futuro diferente.

También es común que las personas en duelo pasen por etapas de duelo, como las descritas por Elisabeth Kubler-Ross, que incluyen la negación, la ira, la negociación, la tristeza y la aceptación. Es importante destacar que estas etapas no siempre se experimentan en un orden específico, como etapas en un camino lineal. Por el contrario, pueden ser más como una danza, donde algunas etapas se revisitan, otras se omiten, y el orden puede variar de una persona a otra.

Al final, el duelo es un proceso de transformación. Es un viaje que te lleva a lo más profundo de ti mismo, que te pone en contacto con tu humanidad, tu vulnerabilidad, tu resiliencia.

Y recuerda: incluso en los momentos más oscuros, siempre hay un rayo de esperanza. Porque cada noche es seguida por el amanecer. Cada invierno es seguido por la primavera. Y cada duelo puede abrir el camino a la curación, al crecimiento y a una nueva comprensión de la vida y de ti mismo.

No es un viaje fácil, ciertamente. Habrá momentos de dolor agudo, de confusión, de duda y de cuestionamiento. Habrá momentos en los que te sientas perdido y desconectado. Pero debes saber que estos momentos son parte del proceso. Son como las semillas que se plantan en la oscuridad de la tierra y que, con el tiempo, germinan y crecen hacia la luz.

También es importante no apresurarse a través del proceso de duelo. Cada persona tiene su propio ritmo y su propio camino a recorrer. No hay un cronograma fijo para el duelo. Algunas personas pueden atravesar rápidamente el proceso de duelo, mientras que otras pueden tardar más tiempo. Es crucial darse permiso para vivir tu duelo a tu propio ritmo, sin juicio ni comparación.

Y durante este viaje, recuerda ser compasivo contigo mismo. Estás atravesando un momento difícil, y es importante cuidar de ti mismo. Encuentra formas de cuidarte, ya sea a través del descanso, la meditación, el contacto con la naturaleza, el arte, la terapia o cualquier otro medio que te ayude a conectarte con tu corazón y tu alma.

Además, no dudes en buscar apoyo. Ya sea a través de amigos, familia, grupos de apoyo, consejeros o terapeutas, es esencial rodearte de personas que puedan apoyarte y ayudarte a atravesar este proceso.

También es importante recordar que, aunque el duelo es doloroso, también puede ser un camino hacia el crecimiento y la transformación. Como dijo el poeta Rumi: "La herida es el lugar por donde entra la luz en ti". Por lo tanto, incluso en el dolor del duelo, hay una posibilidad de curación, crecimiento y transformación.

El duelo es un viaje del corazón. Es un viaje que puede llevarte a profundidades de dolor y tristeza, pero también a alturas de compasión, comprensión y amor. Es un viaje que, en última instancia, puede devolverte a ti mismo, a tu propio corazón, y al amor que reside en ti.

Así que, a ti que estás atravesando el duelo, te digo: no estás solo. Estás en un viaje, un viaje tan único y precioso como tú mismo. Y aunque este viaje esté lleno de obstáculos y pruebas, también te lleva a una transformación profunda y duradera. No eres lo que te sucede, sino cómo respondes a ello. Y debes saber que, cualquiera que sea la reacción que experimentes, es válida, normal y perfectamente humana.

Las emociones que sientes, ya sean intensas o sutiles, duraderas o efímeras, son testimonios de tu humanidad y tu capacidad para amar y sentir. Acéptalas, permíteles existir, expresarse y enseñarte lo que tienen para ofrecerte.

La reacción de "negociación" puede surgir como un intento de recuperar un semblante de control sobre la situación. Es como si, al negociar, pudieras reescribir el pasado o influir en el futuro. Aunque pueda parecer doloroso, este comportamiento es un intento de mitigar el dolor de la pérdida.

Al igual que las estaciones de la Tierra, el duelo tiene sus propias etapas. Como una danza, podemos movernos entre estas etapas, retroceder, saltar algunas y volver a otras, al ritmo de nuestra propia música. Cada danza es única, y tu danza del duelo lo es igualmente. No te juzgues ni te compares con los demás en sus propias danzas. Estás perfectamente en ritmo con tu propia música, y cada paso que das, por más vacilante o incierto que pueda parecer, es el paso correcto para ti.

Finalmente, el duelo, en todo su dolor y tristeza, es una invitación a un viaje de descubrimiento personal, una oportunidad para conocerte de una manera que quizás nunca hubieras conocido de otra manera. En este sentido, puede ser visto como un regalo, un regalo difícil, ciertamente, pero un regalo no obstante. Un regalo que te invita a sumergirte en las profundidades de tu ser, a encontrarte con tus miedos, tus heridas, tus esperanzas y tus sueños, y a emerger transformado, más completo y auténtico.

Y con cada paso que das, con cada lágrima que derramas, con cada sonrisa que esbozas, honras tu ser, tu amor y tu humanidad. Y por eso, te digo: gracias. Eres una bendición para este mundo.

Los cambios físicos

El duelo es una experiencia profundamente humana que nos recuerda cuán inextricablemente unidos están nuestro cuerpo y nuestra mente. No se limita a los confines de nuestro corazón o nuestra mente, sino que se extiende a cada fibra de nuestro ser, tocando cada célula, cada respiración que tomamos.

Durante el proceso de duelo, puedes notar cambios en tu cuerpo. Signos físicos que reflejan el dolor de tu corazón. Tal vez, encuentres dificultades para dormir, tu apetito parece haber desaparecido o dolores de cabeza persistentes te atormentan. Tu cuerpo puede parecer exhausto, quizás experimentes fatiga intensa, problemas digestivos o dolores corporales.

Estos síntomas pueden ser los emisarios silenciosos de tu duelo, señales físicas que indican la carga emocional que llevas. Como olas en el océano, tus emociones pueden desencadenar estos síntomas físicos. El estrés, la ansiedad, la tristeza, todos pueden dejar huellas en tu cuerpo. Es como si tu cuerpo tradujera las

palabras que tu corazón no puede pronunciar.

Varios estudios han examinado los cambios físicos que pueden ocurrir durante el duelo. Un estudio observó que muchas personas que han perdido a un cónyuge experimentan problemas de sueño, como insomnio o pesadillas recurrentes. Es como si, en el silencio de la noche, tu corazón intentara comprender, aceptar lo que ha sucedido.

De igual manera, una pérdida de apetito es a menudo observada en aquellos que están de duelo. Las comidas pueden perder su sabor, el apetito puede hacerse escaso. Un estudio sobre personas que han perdido a un hijo reveló que la mayoría experimentó una pérdida significativa del apetito, a menudo acompañada de pérdida de peso. Es como si tu cuerpo reflejara la enorme pérdida que has sufrido, como si cada comida perdida fuera una manifestación de la ausencia del ser querido.

Finalmente, otro estudio reveló que personas que han perdido su empleo informaron un aumento de dolores de cabeza y dolores corporales. Nuevamente, tu cuerpo expresa el estrés y la ansiedad que puedes sentir debido a esta pérdida.

Estos síntomas físicos varían en intensidad de una persona a otra. Al igual que el duelo es una experiencia personal, el camino de cada persona a través de los síntomas físicos del duelo es único. Algunas personas pueden experimentar estos síntomas de manera más intensa, mientras que otras pueden experimentarlos de manera más leve.

Estos síntomas físicos también pueden ser indicativos de otros problemas de salud. Si experimentas síntomas físicos persistentes o debilitantes, te animo a consultar a un profesional de la salud. Tu cuerpo es una máquina maravillosa que tiene una forma única de comunicar sus necesidades y preocupaciones, y es esencial escucharlo atentamente y proporcionarle los cuidados que necesita.

Cuando atravesamos un duelo, nuestro cuerpo lleva la marca de ese sufrimiento, y por eso es esencial recordarnos cuidar de nosotros mismos físicamente tanto como emocionalmente. También es una invitación a integrar más cuidado y compasión hacia nosotros mismos en nuestra vida diaria. Es un llamado a cuidar de nuestro cuerpo, a nutrirlo, permitirle descansar, ofrecerle movimiento y escucharlo cuando nos pide detenernos, desacelerar, calmarnos.

Al atravesar el duelo, es esencial recordar que somos seres multidimensionales, y nuestro duelo no es solo emocional, sino también físico. Al reconocer esto, podemos comenzar a acercarnos a nuestro duelo de una manera holística, teniendo en cuenta todas las facetas de nuestro ser, y así, caminar hacia la curación con compasión y comprensión. Al atravesar un duelo, podemos verlo como un llamado al amor, no solo hacia aquellos que hemos perdido, sino también hacia nosotros mismos.

Se trata de cuidarnos, respetar nuestros límites, honrar nuestros sentimientos y darnos el espacio necesario para sanar. Es un camino de compasión, paciencia y aceptación.

Es necesario cuidarse durante el duelo, ya que nuestro cuerpo lleva la carga de ese dolor. Es una invitación a ser más suave, compasivo y amoroso contigo mismo, a ofrecer a tu cuerpo el descanso, la nutrición y el cuidado que necesita. El camino del duelo no es fácil, pero con tiempo, paciencia y compasión hacia uno mismo, puede convertirse en un viaje de sanación, transformación y crecimiento.

Estudios de caso sobre los cambios físicos

El viaje a través del duelo es un recorrido que adopta diversas formas y se manifiesta de múltiples maneras. Nunca dos personas viven el duelo de la misma manera. Así como nuestra mente puede verse abrumada por el dolor, nuestro cuerpo también puede testimoniar el peso de este dolor. Los estudios de caso que siguen ilustran cómo la pérdida de un ser querido puede reflejarse en nuestro cuerpo.

Un estudio se realizó con personas que habían experimentado el duelo por la pérdida de un familiar. Los participantes mostraron signos de problemas digestivos, incluyendo náuseas, vómitos y dolores abdominales. Es como si el impacto de la pérdida hubiera perturbado el proceso natural de la digestión. Estos síntomas reflejaban el enorme estrés emocional que había sido desencadenado por la pérdida de un ser querido.

En otro estudio, los participantes habían perdido una mascota. Este duelo también se manifestó físicamente. Experimentaron dolores corporales, incluyendo dolores de cabeza, dolores musculares y dolores articulares. Las mascotas a menudo se consideran miembros de pleno derecho de la familia. Por lo tanto, su pérdida puede desencadenar una reacción física comparable a la de un duelo humano.

Un tercer estudio se llevó a cabo con personas que habían perdido a un cónyuge por suicidio. Los participantes mostraron una variedad de síntomas físicos, incluyendo trastornos del sueño como el insomnio y pesadillas recurrentes, problemas de apetito y dolores corporales. La complejidad de la pérdida por suicidio puede añadir elementos de culpa, ira y cuestionamiento que amplifican el estrés emocional y las repercusiones físicas.

Estos estudios ilustran cómo el duelo puede manifestarse físicamente. Son solo algunos ejemplos entre una multitud de estudios que muestran una variedad de síntomas físicos relacionados con el duelo. El punto importante a recordar es que cada persona atraviesa el duelo de manera diferente. La forma en que el duelo afecta al cuerpo varía de una persona a otra, tanto en intensidad como en duración.

Estos síntomas no son un signo de debilidad, sino una manifestación de la profundidad de tu amor por el ser perdido. Al acoger estos síntomas con compasión y cuidar de tu cuerpo, honrarás tu viaje a través del duelo y comenzarás a encontrar la curación. Son los ecos físicos de tu dolor, las olas de tu océano de tristeza que golpean las costas de tu cuerpo. Cada náusea, cada dolor de cabeza, cada insomnio son signos de que tu cuerpo recuerda, que tu cuerpo llora.

El cuerpo tiene su propia sabiduría, su propio camino de curación. Al escuchar atentamente estos síntomas, al prestarles la atención y el cuidado que merecen, honramos nuestro cuerpo y nos damos la oportunidad de encontrar una curación profunda y duradera. En nuestro duelo, podemos aprender a florecer de nuevo, no negando o evitando nuestro dolor, sino acogiéndolo y transformándolo en una fuente de fuerza, resiliencia y compasión.

Es esencial respetar tu propio ritmo y escuchar a tu cuerpo. Si experimentas dolor, malestar o incomodidad, es importante consultar a un profesional de la salud. No tienes que llevar este dolor solo. Hay recursos disponibles, comunidades de apoyo, terapeutas y consejeros que pueden ayudarte a atravesar este difícil período.

Por último, recuerda que el dolor no es un fin en sí mismo. Es una parte de tu viaje, una señal de que has amado profundamente y que sientes la pérdida de ese amor. Tu dolor también es una invitación a crecer, a aprender y a abrirte a nuevas dimensiones de tu ser. Como dice el refrán: "Lo que no nos mata, nos hace más fuertes". Así, incluso en el dolor y el duelo, hay una posibilidad de crecimiento, transformación y reinvención de uno mismo.

La experiencia del duelo es variada y depende de cada individuo. El dolor de la pérdida puede manifestarse de manera muy física, alterando nuestro sueño, nuestro apetito, nuestro nivel de energía e incluso causando dolores físicos. Es una parte natural y necesaria del proceso de duelo. Reconociendo estos síntomas y cuidando nuestro cuerpo con tanta compasión como lo hacemos con nuestra mente, podemos encontrar un camino a través del duelo que conduzca a la curación, la resiliencia y, finalmente, a un nuevo equilibrio en nuestra vida.

Los cambios sociales y sus incidencias

En nuestro viaje a través de la vida, a veces nos enfrentamos a la pérdida de un ser querido. Esta dolorosa experiencia puede verse amplificada por cambios sociales, afectando profundamente nuestra vida cotidiana y nuestra interacción con la comunidad que nos rodea. El duelo es un fenómeno individual, pero también ocurre en un contexto social. A través de esta lente, examinaremos cómo los cambios sociales pueden impactar a los individuos en duelo. En nuestro mundo en constante cambio, los cambios sociales se

manifiestan de diversas maneras: el alejamiento de los miembros de la familia, la fragmentación de las comunidades, la presión para reanudar una actividad normal después de una pérdida. Todos estos factores pueden influir en cómo una persona en duelo recibe apoyo de su entorno.

Tomemos el ejemplo de una persona que ha perdido a un cónyuge y vive lejos de su familia y amigos. Este aislamiento físico puede llevar a un sentimiento de soledad, intensificando el dolor del duelo. Los lazos afectivos previamente establecidos con sus seres queridos pueden verse afectados por esta distancia, exacerbando así su sufrimiento.

La fragmentación de las comunidades y el aumento de la movilidad individual son otros cambios sociales que pueden impactar a la persona en duelo. Estos desarrollos pueden hacer más difícil el acceso a un apoyo constante de los miembros de su comunidad o de personas que han vivido experiencias similares. La falta de este apoyo puede agravar el dolor del duelo e impedir la búsqueda de significado que a menudo acompaña este período.

Otro factor a considerar es la presión social para reanudar rápidamente una actividad normal después de una pérdida. La exigencia de volver al trabajo o reanudar las actividades diarias puede causar estrés adicional, obstaculizando el proceso natural de curación del duelo. Estos diferentes factores subrayan cómo los cambios sociales pueden afectar profundamente la vida de las personas en duelo. También revelan la importancia del acompañamiento y el apoyo en estos momentos. Ayudar a una persona en duelo no es una tarea fácil, ya que cada uno vive y expresa su dolor de manera diferente. Por lo tanto, es esencial ser sensible a estas diferencias y no imponer expectativas irreales sobre cómo se debe manejar el duelo.

Las consecuencias de los cambios sociales no se limitan a las relaciones sociales; también afectan los aspectos prácticos de la vida. Una pérdida puede tener un impacto significativo en la situación financiera de un individuo, ya sea debido a la desaparición de una fuente de ingresos o al aumento de los gastos relacionados con el duelo. Tal situación puede añadir presión adicional a un período ya estresante, haciendo el proceso de duelo aún más complejo.

Los cambios sociales pueden tener impactos significativos en la vida de las personas en duelo. Es crucial reconocer estos factores al apoyar a las personas en duelo y ofrecerles el apoyo necesario para superar este difícil período. Nuestra percepción del duelo debe ser sensible a los desafíos sociales que cada individuo puede enfrentar. Es imperativo comprender que el duelo no sigue una trayectoria lineal y que cada persona en duelo tiene sus propias necesidades únicas. Además, es esencial no descuidar el impacto de estos cambios en los aspectos prácticos de la vida diaria. Muchos en duelo pueden enfrentarse a dificultades financieras, ya sea por la pérdida de ingresos o por los costos imprevistos relacionados con el duelo. Por ejemplo, una persona que ha perdido a su cónyuge puede encontrarse sin el principal apoyo financiero de su familia, sumergiéndola en una situación precaria. O la pérdida de un empleo puede generar una presión financiera adicional, aumentando así el estrés emocional y haciendo el proceso de duelo aún más difícil de atravesar.

En estos momentos, es crucial recordar la importancia de la compasión y el apoyo mutuo. El objetivo es proporcionar el apoyo necesario para ayudar a cada individuo a navegar a través de este difícil período, teniendo en cuenta sus necesidades específicas y su contexto único.

En última instancia, los cambios sociales pueden tener consecuencias considerables en la vida de las personas en duelo. Por lo tanto, debemos ser conscientes de estos factores al brindar nuestro apoyo. El duelo, en esencia, es un viaje personal de transformación y autodescubrimiento. Es nuestra responsabilidad como comunidad crear un entorno propicio para esta transformación, donde cada individuo en duelo se sienta comprendido, apoyado y libre de expresar su dolor a su manera.

Al respetar la individualidad de cada experiencia de duelo, fomentamos una verdadera curación. Solo siendo conscientes de estos factores sociales podremos ayudar eficazmente a aquellos que atraviesan este doloroso desafío, ofreciéndoles el apoyo adecuado, respetando su tiempo y espacio, y permitiéndoles vivir su duelo de la manera que mejor les convenga. Así, contribuimos a crear un mundo más comprensivo y solidario para todos los afectados por la pérdida de un ser querido.

Los cambios cognitivos

En el viaje inevitable de la vida, el duelo es un paso que a veces puede desencadenar turbulencias en nuestro proceso de pensamiento y en nuestra forma de interactuar con el mundo. El abrazo del duelo puede inducir cambios cognitivos, afectando nuestra capacidad para concentrarnos, recordar, tomar decisiones y evaluar situaciones. Estas transformaciones pueden ser la consecuencia de reacciones emocionales, como el estrés o la ansiedad, pero también pueden surgir de una reacción fisiológica ante una pérdida significativa.

La concentración, esa facultad tan preciosa en la navegación de nuestro día a día, puede erosionarse ante el dolor del duelo. Las tareas habituales pueden parecer insuperables y la información importante se disipa en la niebla del dolor. Un estudio reciente sobre personas que han perdido a un cónyuge revela la dificultad de estos individuos para mantener la concentración y retener información después de la pérdida de su pareja.

De igual manera, la memoria a corto plazo puede verse afectada por el duelo. Recordar eventos recientes o información esencial puede convertirse en un desafío insuperable. En otro estudio enfocado en padres en duelo tras la pérdida de un hijo, se observó que los participantes tenían dificultades para recordar información sobre su hijo fallecido.

Otra transformación puede concernir nuestra capacidad para tomar decisiones. Especialmente cierto en personas que han perdido un empleo, estas pueden encontrar dificultades para tomar decisiones, especialmente cuando se trata de finanzas o búsqueda de empleo.

Sin embargo, es esencial comprender que estos cambios cognitivos no son sistemáticos y pueden variar en intensidad de una persona a otra.

Si estos cambios persisten o se vuelven incapacitantes, es importante consultar a un profesional de la salud mental para descartar otras posibles causas. Estas modificaciones en nuestro funcionamiento cognitivo pueden estar relacionadas con los impactos emocionales y sociales del duelo y deben ser consideradas en un enfoque integral del acompañamiento de personas en duelo.

El duelo también puede influir en nuestra percepción de nosotros mismos y de los demás. Los individuos en duelo pueden experimentar sentimientos de culpa o auto reprocharse por eventos pasados. Pueden tener una visión distorsionada de las causas de la pérdida y pueden encontrar dificultades para reflexionar sobre su propia autoestima, sobre su capacidad para continuar viviendo sin la persona fallecida. Estos pensamientos pueden llevar a trastornos del estado de ánimo como la depresión, y es crucial ser consciente de ello al acompañar a las personas en duelo, para proporcionarles el apoyo adecuado.

Los cambios cognitivos pueden jugar un papel significativo en la experiencia del duelo. Es esencial tener en cuenta estos cambios al acompañar a las personas en duelo y ofrecerles el apoyo necesario para atravesar este delicado período. Sin embargo, es importante tener en cuenta que cada individuo enfrenta el duelo de manera única y que la intensidad y duración de los cambios cognitivos pueden variar de una persona a otra.

Es importante destacar que la vida, en su inmensa belleza y complejidad, es un viaje en el que todos estamos embarcados. Este viaje está marcado por experiencias variadas, a veces luminosas, a veces oscuras, pero siempre significativas. El duelo es una de esas experiencias oscuras que pueden traer cambios profundos en nuestra forma de pensar y percibir el mundo.

A través de estos cambios, puede parecer que nuestra mente está en conflicto consigo misma, buscando encontrar un equilibrio entre el deseo de retener los recuerdos de un ser querido y la necesidad de avanzar. En estos momentos, es crucial ser compasivo con uno mismo y aceptar estos cambios como una parte natural del proceso de duelo.

Además, es importante señalar que estos cambios cognitivos no siempre son negativos. De hecho, pueden servir como un mecanismo de adaptación, ayudando al individuo a navegar a través del paisaje emocional del duelo. Estos cambios pueden permitir a la persona concentrarse en tareas cotidianas o tomar decisiones importantes, evitando ser abrumada por el dolor de la pérdida.

También es crucial recordar que el dolor del duelo es universal, pero la experiencia del duelo es única para cada individuo. Así, mientras algunos pueden experimentar cambios cognitivos profundos, otros pueden no sentir tales efectos. Por lo tanto, es importante abordar el duelo de manera individualizada, reconociendo y respetando las experiencias y sentimientos de cada persona.

Finalmente, aunque el proceso de duelo puede ser complejo y difícil, también es una oportunidad para que el individuo descubra su propia fuerza y capacidad de adaptación a los cambios. Este proceso puede ayudar al individuo a desarrollar una nueva comprensión de sí mismo y del mundo que lo rodea, ayudándole así a encontrar un sentido y un propósito en la vida a pesar de la pérdida de un ser querido.

Para concluir, es importante tener en cuenta los cambios cognitivos que pueden ocurrir en el contexto del duelo y proporcionar el apoyo adecuado a aquellos que lo necesiten. Al reconocer y comprender estos cambios, podemos ayudar a aquellos que están de duelo a navegar a través de esta difícil experiencia y encontrar un camino hacia la curación y la aceptación. Es a través del amor, la compasión y la comprensión que podemos ayudar a aliviar el dolor del duelo y ayudar a quienes están de duelo a recuperar la esperanza y la alegría en sus vidas.

Los cambios espirituales

En la gran danza de la vida, todos enfrentamos momentos de oscuridad y luz, tiempos de armonía y discordia. El duelo, ese paso inevitable, provoca un gran tumulto y puede iniciar una transformación profunda no solo de nuestro ser emocional y físico, sino también de nuestro espíritu.

La pérdida, esa sombría silueta que se desliza en nuestras vidas sin invitación, puede hacer tambalear nuestros cimientos espirituales. Este choque puede llevarnos a cuestionar lo que dábamos por sentado. ¿Cuál es el significado de la vida? ¿A dónde va nuestra alma después de la muerte? ¿Pueden nuestras creencias espirituales y religiosas pasadas seguir sosteniéndose frente a esta nueva realidad? Estas son preguntas que pueden emerger del mar tumultuoso del duelo, sembrando duda e incertidumbre en nuestros corazones.

El duelo puede ser un terremoto espiritual que mueve montañas de fe. A veces, puede erosionar nuestra sensibilidad religiosa, dejándonos perdidos en el desierto de la incertidumbre. Otras veces, puede provocar un examen minucioso de nuestras creencias religiosas, impulsándonos a desmantelar y reconstruir nuestra casa espiritual. El duelo también puede dar lugar a dudas sobre la supervivencia del alma, cuestionamientos sobre la existencia de un más allá y una reevaluación de nuestras convicciones personales. Estos temblores internos son signos de la lucha por aceptar una realidad que se nos escapa, una verdad demasiado dolorosa para ser abrazada fácilmente.

Pero incluso en estos momentos de duda e incertidumbre, hay esperanza. Para aquellos que encuentran refugio en una tradición religiosa, los rituales y ceremonias religiosas pueden ser un faro en la oscuridad, guiando el viaje a través del laberinto del duelo. Los líderes religiosos y las comunidades de fe pueden ofrecer un apoyo valioso, ayudando a los afligidos a descubrir un sentido a su pérdida, integrar su duelo y encontrar paz.

Sin embargo, es importante reconocer que esta transición espiritual es un viaje único para cada individuo. Estas metamorfosis espirituales no son universales y varían en intensidad y forma según la historia espiritual individual. El respeto por las creencias y convicciones de los afligidos es una clave esencial para acompañar con compasión su trayectoria.

Estas cuestiones espirituales, aunque naturales, pueden ser confusas y difíciles de manejar para algunos. En tales momentos, es importante buscar el apoyo de profesionales de la salud mental para disipar las nubes de incertidumbre que podrían oscurecer el camino. Sus consejos pueden ayudar a descartar otras causas potenciales de angustia y a navegar por el laberinto complejo de la reflexión espiritual.

Cada individuo es el arquitecto de su propio paisaje espiritual, construyendo un refugio sobre la base de sus propios valores y creencias. Es esencial respetar estas construcciones personales y ayudar a quienes están de duelo a encontrar un sentido a la pérdida a través de su propio sistema de creencias. Así, el acompañamiento de estos individuos debe incluir discusiones sobre creencias espirituales y religiosas, exploración de sus prácticas espirituales actuales e incluso apertura a nuevas formas de espiritualidad, si esto puede ayudarles a superar su duelo.

El duelo es una tormenta que sacude nuestro barco espiritual, provocando oleajes en las aguas anteriormente tranquilas de nuestra fe y creencias. Pero no olvide, así como el viento que empuja las olas también puede llenar las velas, el duelo, aunque doloroso, también puede empujarnos a una exploración más profunda y a una mayor comprensión de nuestra espiritualidad.

En el torbellino del duelo, podemos descubrir una brújula interior, una que apunta hacia nuestra propia verdad, una que nos guía a través de las tormentas hacia la tranquilidad de aguas más calmadas. Y es en esta búsqueda, en esta exploración del paisaje espiritual que construimos para nosotros mismos, donde podemos encontrar paz, aceptación y verdadero amor propio.

Para navegar a través de los mares embravecidos del duelo, recuerde estas palabras: sea impecable con sus palabras, no tome nada personalmente, no haga suposiciones y haga siempre lo mejor que pueda. Incluso en el dolor, podemos encontrar sabiduría y paz.

Ejemplos concretos que ilustran los cambios espirituales

En el gran teatro de la existencia, hay momentos en los que el velo de la realidad se rasga para revelar un panorama desgarrador de alegría y tristeza, luz y oscuridad, nacimiento y muerte. El duelo, ese último enfrentamiento con la ausencia y la pérdida, puede iniciar una profunda reorganización de nuestro espíritu y alma. Puede desencadenar un viaje espiritual de contornos complejos, impregnado de dudas y cuestionamientos, pero también de revelaciones y despertar.

Permítanme iluminarles con historias de la vida real que ilustran los cambios espirituales que las personas en duelo pueden experimentar: 1- Imagina una mujer, ferviente creyente, que encuentra consuelo e inigualable alegría en la dulce armonía del coro de su iglesia. Cuando la muerte se lleva a su hijo, su universo espiritual se derrumba. Se siente abandonada por lo Divino, traicionada por las promesas de protección y compasión. La pérdida erosiona su sensibilidad religiosa, se desvincula de los servicios religiosos, su corazón lleno de preguntas y dudas.

2- Luego, hay un hombre, cuya fe fue cimentada en su corazón por la mujer que amaba. Tras su muerte, surgen preguntas como estrellas en una noche oscura. La existencia del más allá, la eternidad del alma, sus antiguas creencias se pesan en la balanza de la pérdida y el duelo.

3- Tomemos el ejemplo de una mujer, una yogui apasionada, cuya espiritualidad es un pilar de su vida. La muerte de su esposo provoca un shock que la desconecta de sus convicciones. La tranquilidad que una vez encontró en las posturas y respiraciones del yoga parece huir como una sombra a la luz del día.

4- Otro ejemplo es el de una mujer musulmana cuya hermana acaba de fallecer. En lugar de dejar que su fe sea arrastrada por la tormenta del duelo, elige fortalecerla. Sigue los rituales religiosos del duelo, apoyándose en su fe para dar sentido a la ausencia y seguir abrazando la vida.

5- También hay personas que, como un hombre que perdió a su pareja, eran anteriormente ateos. Tras la pérdida, comienzan a explorar diferentes caminos espirituales. La búsqueda de sentido en la pérdida los lleva a descubrir nuevas formas de espiritualidad, como si fueran balsas en el mar tumultuoso del duelo.

6- Hay momentos en los que la fe es puesta a prueba y parece no resistir. Como para una madre que perdió a su hijo, la pérdida puede parecer insuperable. Su fe, que alguna vez fue un refugio, parece haber traicionado su confianza. No logra entender por qué Dios permitió esta pérdida y se aleja de sus prácticas religiosas.

7- Finalmente, hay personas que encuentran en la religión un faro en la oscura noche del duelo. Una mujer, por ejemplo, que perdió a su hermano, encuentra un profundo consuelo en sus oraciones y en la comunidad cristiana que la rodea. Se apoya en su fe para superar su duelo y seguir navegando en el río de la vida.

Cada una de estas historias representa una faceta de los muchos rostros que puede tomar el duelo. Pero es crucial recordar que cada persona en duelo es única, que sus reacciones al duelo están influenciadas por una miríada de factores, desde su historia personal hasta su sistema de creencias y cultura. Por lo tanto, es esencial adaptarse a cada persona y ofrecer el apoyo espiritual más adecuado para ellos.

Respetar las creencias y convicciones personales de las personas en duelo es de suma importancia. Al acompañarlos en su cuestionamiento, al ayudarlos a encontrar sentido a la pérdida en su propio sistema de valores y creencias, podemos apoyarlos verdaderamente en su proceso de duelo. El duelo es un viaje que continúa, un camino lleno de desafíos y cambios, donde las reacciones espirituales pueden evolucionar con el tiempo. Es un proceso que debe ser honrado y respetado, ya que a través de él, las personas en duelo pueden encontrar maneras de seguir viviendo su vida en honor al ser querido que ya no está entre ellos.

El duelo y el suicidio

En el ecosistema de la existencia humana, hay pocas fuerzas tan poderosas y transformadoras como el duelo. Es como una tormenta desatada que puede sacudir los mismos cimientos de nuestro ser, obligándonos a enfrentar las emociones más crudas y profundas. Es un camino pavimentado con tristeza, ira, culpa y desesperación. Sin embargo, como una planta después de una lluvia, la mayoría de las personas en duelo logran levantarse, curar sus heridas y volver a abrazar el ímpetu de la vida.

Sin embargo, es esencial entender que hay momentos en los que el duelo puede arrojar una sombra tan oscura que engulle la luz de la esperanza. En estos momentos, el duelo puede generar trastornos del ánimo, como la depresión, alterando el cuadro de la realidad percibida por el individuo en duelo. Es en esta oscuridad donde algunas personas pueden enfrentar pensamientos oscuros, pensamientos de suicidio, un deseo de escapar del dolor insoportable. Aunque estos casos son extremadamente raros, no deben tomarse a la ligera.

Es imperativo recordar que incluso en la noche más oscura, siempre hay ayuda disponible, medios para superar estos sentimientos abrumadores. Como un faro en la tormenta, profesionales calificados como médicos, trabajadores sociales y psicólogos están allí para guiar y apoyar a las personas en duelo en la gestión de su dolor y en el tránsito de esta oscuridad.

El papel de los seres queridos es igualmente crucial. Animarlos a buscar ayuda si sienten la necesidad es una prueba de amor y compasión inestimable. A veces, una simple conversación, una palabra amable, una presencia silenciosa pueden hacer la diferencia entre la oscuridad y la luz.

El duelo es un viaje individual, un viaje que, aunque a menudo solitario, nunca debe ser recorrido solo. Cada uno de nosotros tiene la capacidad de convertirse en un apoyo para aquellos que están de duelo, un recordatorio de que todavía hay amor, esperanza y belleza en este mundo, incluso en los momentos más oscuros. Es en estas profundas grietas del dolor donde podemos encontrar la capacidad de sanar, crecer y redescubrir el amor y la alegría. Es en estos momentos de oscuridad donde descubrimos nuestra fuerza interior y nuestra resiliencia.

El duelo es una prueba dolorosa, que a veces puede llevar a pensamientos y sentimientos extremadamente difíciles, incluyendo la depresión y los pensamientos suicidas. Sin embargo, es esencial recordar que la ayuda está disponible y que no tienes que atravesar esta prueba solo. Hay profesionales calificados listos para ayudarte a superar tu dolor y a navegar a través de este difícil proceso. Además, los seres queridos pueden desempeñar un papel crucial en apoyar y ayudar a aquellos que están de duelo a encontrar la ayuda que necesitan. Aceptar esta ayuda no es una señal de debilidad, sino un acto valiente de autocompasión y respeto por uno mismo.

Los orígenes del duelo

El mundo interior del ser humano es un universo complejo, y una de las experiencias más intensas y transformadoras que podemos vivir es la del duelo. Generaciones de pensadores, filósofos, psicólogos y espiritualistas han buscado comprender esta emoción que parece ser tan antigua como la humanidad misma. Al explorar el espacio sagrado de nuestras emociones, descubrimos el viaje profundamente humano del duelo, una experiencia universal que refleja nuestra capacidad para amar, perder y, finalmente, sanar. El duelo es un testimonio del amor, un reflejo de la intensidad con la que hemos querido al otro. Quisiera compartir con ustedes algunas de las teorías más importantes sobre el origen y el proceso del duelo.

Sigmund Freud, el padre del psicoanálisis, fue uno de los primeros en abordar el duelo de una manera científica. Para Freud, el duelo es una reacción natural y necesaria frente a la pérdida. Es una guía a través de un territorio desconocido, un viaje que comienza con un choque y una negación, un estado de incredulidad donde la mente se esfuerza por comprender lo inconcebible. Es como si estuviéramos en un denso bosque, incapaces de ver el camino frente a nosotros. Pero a medida que avanzamos en este viaje, la realidad de la pérdida se materializa lentamente, emergiendo de la niebla de nuestra confusión para tomar una forma palpable. Freud nos invita a mirar esta realidad de frente, a sumergirnos en la profundidad de nuestro dolor para encontrar un camino hacia la aceptación y la sanación.

Luego viene Elisabeth Kübler-Ross, quien nos presenta el duelo como un viaje en cinco etapas: negación, ira, negociación, depresión y aceptación. Nos ofrece un mapa de este territorio desconocido, guiándonos a través de paisajes emocionales cambiantes. Nos recuerda que es normal sentir ira, negociar con nuestro dolor, sumergirnos en la tristeza antes de aceptar finalmente la realidad de nuestra pérdida.

J.W. Worden profundiza este mapa definiendo cuatro tareas esenciales para navegar a través del duelo. La primera tarea consiste en recordar al ser querido, sumergirse en los recuerdos dulces y amargos para honrar su vida. Luego, nos alienta a aceptar la realidad de nuestra pérdida, a desconectarnos emocionalmente del ser querido y a reorganizar nuestra vida sin su presencia. Estas tareas, aunque dolorosas, son esenciales para permitirnos continuar nuestro propio viaje de vida.

Margaret Stroebe y Henk Schut nos presentan otra perspectiva: el duelo como un proceso de "doble presencia". Según ellos, necesitamos mantener un vínculo con el ser querido y adaptarnos a una vida sin su presencia. Esto puede significar conservar rutinas y actividades que compartíamos con ellos, mientras exploramos nuevas experiencias y establecemos nuevos vínculos. Es un equilibrio delicado, una danza entre el pasado y el presente.

Todas estas teorías ofrecen diferentes perspectivas sobre el duelo, como las facetas de un diamante. No son mutuamente excluyentes, sino que ofrecen diferentes enfoques sobre un fenómeno complejo. Es importante entender que el duelo es una experiencia única e individual. Cada persona atraviesa el duelo a su manera, reflejando su propia historia, personalidad y recursos internos. Nos recuerdan que cada persona es única, que cada viaje de duelo es único y que no hay una "buena" o "mala" forma de vivir este proceso.

En el contexto del duelo, es importante tener paciencia con uno mismo, permitir que el dolor esté presente y dar el tiempo necesario para vivir cada etapa del duelo a su propio ritmo. Cada experiencia de duelo es única y personal, por lo que es tan importante brindarse amabilidad y espacio para vivir esta experiencia a su manera.

En la inmensidad del duelo, es crucial recordar que el viaje está lejos de ser lineal. Como un río, fluye y se detiene, serpentea a través de paisajes inesperados y a veces se sumerge en profundidades oscuras. Las personas en duelo pueden encontrarse con recaídas, momentos en los que el dolor parece abrumar todo lo demás, pero estos momentos son parte integral del proceso de duelo. Es en la oscilación entre el avance y la regresión, entre el recuerdo y el olvido, donde se encuentra el verdadero trabajo del duelo.

Todo esto nos muestra que el duelo no es simplemente una reacción a la pérdida, sino una transformación profunda que afecta todos los aspectos de nuestra vida. Es un viaje complejo y evolutivo, una danza entre el pasado y el presente, entre el recuerdo y el olvido, entre el dolor y la sanación. Y a través de este viaje, tenemos la oportunidad de aprender, crecer y transformarnos de manera significativa.

Sin embargo, es importante señalar que el duelo es un proceso que debe ser respetado, honrado y vivido a su propio ritmo. Ningún mapa o brújula puede dictar la velocidad a la que debemos avanzar ni decirnos exactamente a dónde debemos ir. En última instancia, el duelo es un viaje profundamente personal e íntimo, una exploración de nuestro propio paisaje interior, un viaje que debemos hacer a nuestra manera y a nuestro propio ritmo.

En esta exploración, es esencial ser amable con uno mismo, ofrecer compasión y espacio para vivir cada momento, cada emoción, cada pensamiento. También es vital buscar el apoyo que necesitamos, ya sea la ayuda de un terapeuta, la compañía de amigos y familiares, o el consuelo en rituales personales o espirituales.

En última instancia, el duelo no es solo una reacción a la pérdida, sino una transformación profunda que afecta todos los aspectos de nuestra vida. Es un viaje complejo y evolutivo, un baile entre el pasado y el presente, entre el recuerdo y el olvido, entre el dolor y la curación.

Es un proceso que nos brinda la oportunidad de aprender, crecer y transformarnos de manera significativa.

Y es en esta transformación donde podemos descubrir el verdadero poder del duelo. Porque incluso en el dolor más profundo, hay una posibilidad de crecimiento, cambio y amor. Incluso en la oscuridad, siempre hay un rayo de esperanza, una oportunidad de encontrar sentido y belleza en la adversidad.

Por lo tanto, los invito a embarcarse en el viaje del duelo con coraje y compasión, con paciencia y perseverancia. Los invito a honrar su dolor, a abrirse a su duelo y a permitirse ser transformados por esta experiencia. Y les recuerdo que incluso en el duelo, incluso en el dolor, nunca están solos. Están rodeados de amor, y son capaces de curarse y transformarse.

Las etapas del duelo a atravesar

El duelo, como muchas de nuestras experiencias como seres humanos, es un proceso que se puede visualizar a través de varias etapas, pero sepan, mi amigo, que este viaje es tan único como ustedes.

En este viaje, una primera etapa podría ser encontrarse con el shock y la negación. Imagínese, por un momento, abrumado por una enorme ola que lo sorprende. Al instante siguiente, se encuentra en estado de shock, negando la realidad de lo que acaba de suceder. Podría sentirse flotando en un océano de incredulidad, un escudo emocional que lo protege de la intensidad de su pérdida.

Sin embargo, incluso en esta negación, el amor que sentimos por aquellos que hemos perdido nos guía hacia la verdad. Es en este movimiento donde podría emerger la segunda etapa, la de la ira. La ira, mi amigo, no es un signo de debilidad o malicia, sino una manifestación natural de nuestro deseo de justicia, de nuestra lucha contra la injusticia de nuestra pérdida. Puede ser intenso y hasta aterrador, pero recuerden, es un acto de amor, un grito en el silencio de la ausencia.

De la ira, podríamos encontrarnos en un baile con la negociación. En esta tercera etapa, intentamos negociar con la realidad, buscando formas de volver al pasado o de modificar el presente. Pero recuerde, mi querido amigo, que es nuestro amor y nuestro deseo de estar con aquellos que hemos perdido lo que nos lleva a este baile. Y luego, mientras nuestro baile con la negociación se agota, podríamos encontrarnos cara a cara con la depresión, la cuarta etapa de este viaje. Es un valle oscuro y frío, lleno de tristeza, soledad y desesperación. Pero incluso aquí, podemos encontrar un camino. Al dar la bienvenida a nuestro dolor, honramos nuestro amor por aquellos que hemos perdido. En la tristeza, encontramos la fuerza de nuestro amor.

La quinta etapa, la de la aceptación, podría entonces emerger de la niebla de nuestra tristeza. Esta etapa no significa que hayamos olvidado o superado nuestra pérdida, sino que hemos encontrado una manera de vivir con ella. Hemos aprendido a llevar nuestro amor por aquellos que hemos perdido en el corazón de nuestra existencia, y a continuar nuestro viaje con ellos a nuestro lado, pero de una manera diferente.

Es esencial, mi querido amigo, recordar que estas etapas no son fijas. Son como las olas del océano, llegando y yendo, a veces superponiéndose, y llevándonos a aguas desconocidas. Algunas olas pueden ser más grandes que otras, algunas pueden parecer llevarnos lejos de nuestro camino. Pero cada ola es parte de nuestro viaje de curación. Puede que navegue rápidamente a través de algunas de estas etapas, mientras que otras pueden requerir más tiempo y atención. Incluso puede que algunas etapas parezcan inaccesibles por el momento. Sepa que todo esto es parte de su viaje único.

Como en todas las experiencias de la vida, no existe una sola manera "correcta" de vivir el duelo. Cada uno de nosotros es único, y por lo tanto, nuestra experiencia del duelo también lo es. Es vital recordar que su viaje a través del duelo es personal y único para usted.

En este viaje, puede que se sienta perdido y confundido, pero recuerde que no está solo. Todos estamos conectados por la experiencia universal de la pérdida y el duelo. Al compartir nuestras experiencias, al apoyarnos mutuamente, podemos encontrar la fuerza para navegar a través de las olas del duelo y abrir nuestros corazones al amor y la compasión.

Incluso en el duelo, tenemos la capacidad de crecer y evolucionar. El dolor y la pérdida pueden romper nuestros corazones, pero también pueden abrirlos, permitiéndonos conectarnos más profundamente con nosotros mismos y con los demás. Pueden ayudarnos a apreciar más la belleza y la fragilidad de la vida, y a desarrollar una mayor compasión por todos los seres que comparten esta experiencia humana con nosotros.

En última instancia, el duelo es un viaje de amor. Es un testimonio del amor que sentimos por aquellos que hemos perdido, y un recordatorio de la importancia de ese amor en nuestra vida. Entonces, mi querido amigo, mientras viaja a través del duelo, lo invito a abrir su corazón a ese amor. Deje que lo guíe a través de las olas del dolor y la pérdida, y lo lleve a una mayor comprensión, compasión y conexión con usted mismo y con los demás.

Por último, siempre recuerde que es amado, que es apoyado, y que es capaz de sanar y transformarse. No importa el camino que tome a través del duelo, sepa que no está solo. Y sepa que, incluso en el duelo, siempre hay lugar para el amor, la curación y el crecimiento. Porque en la oscuridad, siempre podemos encontrar la luz. En el dolor, siempre podemos encontrar el amor. Y en el duelo, siempre podemos encontrar la vida.

Los diferentes tipos de duelos

Sumergido en el espíritu de los grandes maestros del desarrollo personal y del despertar espiritual, me adentraré en las profundidades de los diferentes rostros que puede tomar el duelo. Como las facetas de un diamante, cada tipo de duelo tiene sus propios reflejos únicos, rompiendo la luz de nuestra existencia de una manera propia. Así que, sumerjámonos juntos en este viaje de exploración.

La muerte de un ser querido es, sin duda, la primera imagen que nos viene a la mente cuando pensamos en el duelo. Esa ausencia irrevocable de un ser amado, ya sea un miembro de nuestra familia, un amigo o una mascota, causa un dolor inmensurable. Perdemos un fragmento de nuestra existencia, una parte de nuestra realidad compartida. Es como si un capítulo de nuestro libro de vida fuera arrancado bruscamente, dejando un vacío desgarrador.

Luego está el duelo que surge cuando perdemos nuestro trabajo. Esta situación puede parecer menos tangible, pero es igualmente devastadora. El empleo no es solo una fuente de ingresos, sino también un pilar de nuestra identidad y autoestima. Perder el empleo significa perder una parte de nuestra identidad, nuestra estructura diaria y, a menudo, nuestro estatus social. La vida, tal como la conocíamos, debe ser reorganizada.

El duelo amoroso, la ruptura de una relación íntima, representa otra forma dolorosa de duelo. Cuando un amor termina, es un futuro compartido el que se evapora, una complicidad compartida que desaparece. Es un recordatorio de que incluso los lazos más intensos pueden romperse, una verdad que a menudo nos cuesta aceptar.

La pérdida de la salud, ya sea por enfermedad o accidente, nos enfrenta a otro rostro del duelo. Debemos hacer el duelo de nuestras capacidades perdidas, de nuestra autonomía reducida. La imagen que teníamos de nosotros mismos se transforma, y debemos aprender a adaptarnos a esta nueva realidad, a menudo difícil de aceptar.

La pérdida de un rol, ya sea social, familiar o profesional, también conlleva un proceso de duelo. Cuando dejamos de ser un padre, un cónyuge, un hijo, o cuando nuestro rol dentro de la sociedad cambia, nuestra identidad se ve sacudida. Debemos reconstruir nuestra autoestima sin el apoyo de ese rol, un proceso que puede ser largo y difícil.

Finalmente, el duelo también puede ser experimentado a raíz de la pérdida de un lugar querido. Tal vez sea una casa de infancia, un país o una ciudad de origen, o simplemente un lugar donde vivimos momentos felices. Cuando estos lugares desaparecen o tenemos que dejarlos, es un pedazo de nuestra historia el que se evapora.

Es esencial entender que esta enumeración no es exhaustiva. El duelo puede surgir de mil maneras diferentes, de mil pérdidas diferentes. Pero a pesar de todo, una constante permanece: el dolor del duelo es universal, y cada individuo lo expresa y lo vive de su manera única y personal. Las emociones que sentimos, los apoyos que necesitamos, pueden variar enormemente de una persona a otra, de una pérdida a otra. Es crucial reconocer y respetar estas diferencias, ofrecer un apoyo adaptado a cada individuo en duelo. También es vital entender que el duelo es un proceso, un viaje que puede llevar tiempo, y que aquellos que están en duelo pueden necesitar ayuda en diferentes etapas de su camino.

Hay otros tipos de duelos menos reconocidos, pero igualmente profundos. La pérdida de identidad puede ser una experiencia particularmente desconcertante. Puede ocurrir cuando perdemos un rol o una parte de nosotros mismos, como en un cambio de carrera, la jubilación o un trastorno de nuestro estatus social.

Otro tipo de duelo es el que acompaña la pérdida de la vida social. Puede manifestarse cuando ocurre un cambio importante en nuestras relaciones sociales: una migración, un divorcio, una ruptura de amistad, o una desafiliación de una comunidad. Este tipo de duelo nos recuerda cuán sociales somos, cuánto nuestras relaciones moldean nuestra experiencia de la vida.

El duelo también puede surgir cuando perdemos la esperanza. Cuando nuestros sueños y aspiraciones no se realizan como esperábamos, quizás debido a una enfermedad incurable, un accidente grave o un fracaso profesional, debemos hacer el duelo de estas esperanzas no realizadas. Es un proceso que requiere mucha compasión hacia uno mismo.

La pérdida de la inocencia, a menudo causada por una experiencia traumática o violenta, también puede provocar un duelo profundo. Nos recuerda la dura realidad de la vida, cuán implacable e injusta puede ser.

Finalmente, está el duelo que surge cuando nuestras creencias o convicciones más profundas son perturbadas. Ya sea debido a una duda religiosa o espiritual, o cuando la verdad en la que hemos construido nuestra vida resulta ser falsa, esta experiencia puede hacernos dudar de todo lo que creíamos saber.

Estos tipos de duelos pueden ser menos comunes, pero son igualmente reales y pueden tener impactos igualmente profundos en nuestro bienestar e identidad. Cada uno de estos tipos de duelos requiere tiempo, paciencia y mucho cuidado para ser atravesado. Cualquiera que sea el tipo de duelo que esté viviendo, recuerde que su experiencia es válida, que su dolor es real, y que merece apoyo y compasión.

Reacciones y necesidades específicas

Como un viento que sopla sobre un lago, creando innumerables ondas únicas en su superficie, cada tipo de duelo crea una resonancia única en el alma del individuo. Cada reacción, cada necesidad específica, es única y refleja el dolor de cada uno frente a la pérdida. Sin embargo, para ayudarle a entender este proceso misterioso, permítame enumerar las reacciones y necesidades que pueden estar asociadas con cada tipo de duelo.

Duelo por la muerte de un ser querido: Imagínese que está en medio del océano, donde las olas lo sumergen en una profunda soledad. Así es el duelo que sigue a la muerte de un ser querido. Los individuos pueden estar sumergidos en un océano de tristeza, un dolor punzante que a menudo se acompaña de un sentimiento de soledad intenso. La realidad de la pérdida puede parecer imposible de aceptar. En este momento, es esencial ofrecer apoyo emocional, dar la oportunidad a estos individuos de hablar de la persona fallecida, de su vida, de su muerte. También pueden necesitar ayuda para adaptarse a una existencia que ha sido remodelada por la

ausencia.

Duelo por pérdida de empleo: Imagínese ahora en un desierto, donde el calor de la ira y la frustración se filtra en usted, creando una ansiedad que ondula como espejismos en el horizonte. El miedo puede instalarse como una tormenta de arena que nubla la visión del futuro. En estos tiempos, el apoyo para superar estos sentimientos puede ser como un oasis en medio de este desierto. Los individuos pueden necesitar asistencia para encontrar un nuevo empleo, una nueva identidad profesional, y para reorganizar su vida diaria.

Duelo por ruptura amorosa: Visualice un cielo tormentoso, donde las nubes de tristeza y rabia truenan con ansiedad y miedo. Una tormenta de sentimientos puede estallar tras una ruptura amorosa. El apoyo emocional, en estos momentos, puede ser como un refugio en la tormenta, un lugar donde refugiarse y sanar. Pueden necesitar ayuda para entender la razón de la ruptura, para reconstruirse y para repensar su futuro amoroso.

Duelo por pérdida de salud: Es como encontrarse en medio de un paisaje invernal, donde la tristeza, la ansiedad, el miedo y la frustración se congelan en los huesos. El apoyo emocional, en estos momentos, puede ser como una fogata, aportando calor y luz en la oscuridad. Los individuos pueden necesitar ayuda para adaptarse a los cambios físicos y para reconstruir su vida teniendo en cuenta su nuevo estado de salud.

Duelo por pérdida de rol: Puede sentirse como si estuviéramos en un laberinto, donde cada paso lleva a más confusión y menos sentido del yo. La frustración puede parecer muros infranqueables. En estos momentos, el apoyo emocional puede ser como un hilo de Ariadna, una guía para salir de este laberinto. Los individuos pueden necesitar ayuda para reorganizar su vida y encontrar nuevos roles que les proporcionen un nuevo sentido e identidad.

Duelo por pérdida de un lugar querido: Es como estar en la cima de una montaña, mirando hacia abajo hacia un paisaje que se amaba pero que ya no está. La tristeza, la melancolía, la nostalgia y la frustración pueden fluir como ríos cuesta abajo. El apoyo emocional, en estos momentos, puede ser como un refugio, un lugar para compartir y recordar los buenos momentos pasados en ese lugar querido. Pueden necesitar ayuda para encontrar nuevos lugares que sean importantes para ellos, que les brinden nueva alegría y nuevos significados.

Es crucial comprender que estas reacciones y necesidades no son fijas; son como el viento y las olas, cambiantes y modificándose con el tiempo. Pueden variar de una persona a otra, dependiendo de su personalidad, historia y capacidad para enfrentar la pérdida. Cada individuo en duelo es único, al igual que su experiencia de pérdida. Como tales, merecen un apoyo que esté adaptado a sus necesidades específicas, un apoyo que reconozca y respete su

individualidad.

Os invito a recordar que el duelo es una parte integral de la experiencia humana, al igual que el amor y la alegría. Es esencial abrazarlo, comprenderlo y, sobre todo, respetarlo. Al hacerlo, abrimos la puerta a la curación y la transformación, permitiendo a los que están de duelo encontrar un nuevo camino, una nueva luz en la oscuridad de la pérdida. Porque, al final, el duelo es un viaje, un viaje hacia la curación, hacia la aceptación y un nuevo entendimiento de uno mismo y de la vida.

Pasos para superar el duelo

Como un baile con movimientos complejos y variados, el proceso del duelo es una coreografía única para cada individuo, llena de altibajos, pausas y movimientos fluidos. Uno de los patrones más conocidos para entender este baile es el propuesto por Kübler-Ross, que describe cinco etapas: shock e incredulidad, ira, negociación, depresión y aceptación.

Shock e incredulidad: Esta es la primera etapa, el eco ensordecedor de la realidad que resuena a través del cuerpo y el alma. La noticia de la pérdida puede ser recibida con una incredulidad paralizante, una realidad demasiado dura para aceptar.

Ira: En este baile del duelo, la ira puede surgir como un fuego violento, consumiendo al individuo en duelo. Pueden sentir una rabia intensa hacia la situación y, a veces, hacia aquellos que

consideran responsables.

Negociación: Imagina que estás negociando con el universo, tratando de hacer un trato que nos devuelva a la normalidad, que borre la pérdida. Eso es la negociación, un intento de negociar con un poder superior.

Depresión: El duelo puede sumergir a una persona en un océano de tristeza, una angustia emocional que lo envuelve todo. Puede ser difícil concentrarse, realizar tareas cotidianas o incluso encontrar sentido a la vida.

Aceptación: Esta última etapa no es una celebración del final del baile, sino una aceptación tranquila de la realidad de la pérdida. Es un momento en el que comenzamos a adaptarnos a la idea de vivir sin la presencia de la persona fallecida.

Es esencial entender que estas etapas no son una secuencia fija, sino más bien una composición fluida de movimientos que varía de una persona a otra. Algunas personas pueden saltar etapas, otras pueden demorar más tiempo en una fase determinada. No hay un ritmo definido para este baile, ya que cada bailarín del duelo tiene su propio tempo.

Otros modelos han intentado describir este baile complejo del duelo. Por ejemplo, el modelo de Worden describe el duelo como un proceso de cuatro tareas: aceptar la realidad de la pérdida, procesar las emociones relacionadas con la pérdida, adaptarse a un mundo sin la presencia de la persona perdida y continuar invirtiendo emocionalmente en nuevas relaciones.

El modelo de Bonanno presenta el duelo como un continuo, que va desde la adaptación normal hasta la disfunción. Según él, los individuos pueden tener una variedad de reacciones, que no están necesariamente relacionadas con la intensidad de la pérdida.

El modelo de Parkes propone una visión del duelo en tres fases: la reacción inmediata, la reacción intermedia y la reacción tardía. Cada fase puede tener respuestas muy diferentes.

El modelo de Rosner ve el duelo en cinco etapas: identificación, reflexión, reconstrucción, resolución y transformación. Esta perspectiva subraya el papel crucial de la reconstrucción personal después de una pérdida.

Es importante entender que estos modelos son solo intentos de organizar el caótico baile del duelo en movimientos comprensibles. Son generalizaciones y no siempre pueden capturar la compleja realidad de cada individuo en duelo.

Entonces, ¿cómo navegar a través de este baile del duelo? Esa es una pregunta que cada bailarín debe responder por sí mismo, pero es crucial recordar esto: cada individuo en duelo es único. Cada baile del duelo tiene su propio ritmo, su propia melodía, sus propios movimientos.

Y como en todo baile, hay momentos de tropiezo, momentos de gracia, momentos de dolor y momentos de liberación. Es esencial acompañar a cada bailarín con compasión, empatía y paciencia. Ofrecer un apoyo que esté adaptado a sus necesidades específicas, que reconozca su individualidad, que respete su tempo.

Y quizás, a través de este viaje, a través de este baile del duelo, podamos encontrar cierta transformación, cierta curación. Quizás el baile del duelo no sea solo un baile de pérdida, sino también un baile de amor, un baile de memoria, un baile de la vida.

Cada baile del duelo es único. Cada bailarín del duelo merece respeto, compasión y apoyo. Cada baile del duelo es una parte esencial de nuestro viaje humano. Y a través de este baile, a través de esta experiencia, quizás podamos entender mejor la profundidad y el significado de ser humano.

Consejos prácticos para atravesar las etapas del duelo

En el corazón de la vida humana, hay un flujo y reflujo constante de alegría y tristeza, conexión y pérdida. Es en esta corriente de la vida donde a veces nos enfrentamos al duelo, una danza intensa y personal con la pérdida. ¿Cómo navegamos por este viaje? ¿Cómo honramos nuestro dolor mientras permanecemos fieles a nuestra verdadera naturaleza, esa esencia de amor y luz dentro de nosotros?

Choque e incredulidad: En estos momentos, donde la realidad de la pérdida nos golpea como un rayo, es crucial expresar nuestra verdad. Hablemos de la persona que se ha ido, expresemos nuestro dolor y no lo tomemos como algo personal. Cuidémonos, comamos saludablemente, hagamos ejercicio, tomemos tiempo para nosotros... esto no son actos de egoísmo, sino formas esenciales de nutrir nuestro cuerpo, mente y alma.

Ira: La ira es una reacción natural al duelo, un reflejo de nuestro dolor y no de nuestro verdadero ser. Expresémosla de manera saludable: escribiendo en un diario, compartiendo con un amigo de confianza, buscando ayuda terapéutica. Al expresar nuestra ira, liberamos nuestro dolor, honramos nuestra pérdida y comenzamos a sanar.

Negociación: La negociación es un intento de negociar con el universo, un esfuerzo por evitar el dolor de la pérdida. Pero no es una solución. Más bien, hagamos lo mejor para aceptar nuestra nueva realidad, para vivir una vida que honre nuestro verdadero ser y a nuestro ser querido.

Depresión: En estos momentos de profunda tristeza, recordemos que la depresión es una reacción natural al duelo. Busquemos ayuda profesional si es necesario. Y sigamos cuidándonos. Comer saludablemente, hacer ejercicio, tomarnos tiempo para nosotros... estas cosas pueden parecer insignificantes, pero son actos de amor hacia nosotros mismos, formas esenciales de nutrir nuestro cuerpo y alma.

Aceptación: Es importante comprender que la aceptación no es el final del duelo, sino una etapa del viaje. Es normal seguir sintiendo tristeza y dolor. Hablar de la persona fallecida, buscar actividades que den sentido a nuestra vida, mantener relaciones sociales y familiares significativas, cuidarnos física y emocionalmente. Todos estos actos son formas de honrar nuestra pérdida y celebrar nuestra vida.

El duelo es un viaje único para cada uno de nosotros. Cada individuo atraviesa el duelo a su propio ritmo, siguiendo su propio camino. Por lo tanto, el respeto por las elecciones y decisiones de cada uno es primordial. Algunos pueden buscar consuelo cambiando de lugar o viajando, mientras que otros pueden encontrar apoyo participando en actividades significativas para ellos, manteniendo relaciones sociales y familiares, o simplemente honrando la memoria de la persona fallecida.

También es vital reconocer que no hay una panacea para todos. Algunos métodos pueden ayudar a ciertas personas en duelo, pero no son adecuados para todos. El nuevo matrimonio o la adopción pueden ofrecer consuelo a algunos, pero no a otros. Involúcrese en discusiones abiertas con los que están de duelo, ofrézcales consejos y opciones, y apóyelos en sus decisiones informadas.

Sin embargo, a pesar de nuestras diferencias individuales, una verdad universal permanece: la curación se encuentra en el amor y la aceptación. Amar y aceptar nuestro dolor, nuestra pérdida, nuestra tristeza. Amar y aceptar nuestra alegría, nuestra conexión, nuestra vida. Amar y aceptar nuestro verdadero ser, esa esencia de amor y luz en nosotros.

Así que incluso en el duelo, seguimos creciendo, aprendiendo, amando. Seguimos siendo fieles a nuestra verdadera naturaleza. Seguimos bailando, cantando, riendo. Seguimos viviendo. Y es en este continuar, en esta resiliencia, donde honramos a nuestros seres queridos, donde honramos nuestra vida, donde honramos nuestra humanidad.

Historias Vividas

Cada uno de nosotros recorre el camino del duelo de una manera única. Nuestras historias de duelo son tan individuales como las huellas dactilares que llevamos en nuestros dedos. A pesar de la singularidad de cada viaje, se tejen hilos de humanidad a través de nuestras experiencias, creando un tejido común de compasión y comprensión. Visitemos cuatro de estas historias.

John, un hombre de profunda profundidad, perdió a su esposa después de cuatro décadas de un matrimonio fusionado. El dolor de esta pérdida devastó su alma, desencadenando una tormenta de ira dirigida hacia Dios, la vida, los médicos que no pudieron salvarla. Sin embargo, John descubrió una poderosa manera de transmutar su ira en amor. Optó por usar su propia experiencia dolorosa para ayudar a otros en el proceso del duelo. Voluntario en un centro de duelo, sirvió de ancla para aquellos que navegan por las aguas tumultuosas de la pérdida, compartiendo su propia experiencia y escuchando con empatía sus historias. En el servicio a los demás, encontró una nueva dimensión en su existencia, una manera de honrar la memoria de su amada esposa.

Sarah, por su parte, enfrentó la pérdida insoportable de su hijo adolescente en un accidente de coche. La depresión la envolvió en una oscuridad que parecía insuperable. Sin embargo, con el tiempo, logró transformar su profundo dolor en una fuerza de cambio. Sarah fundó una asociación para concienciar sobre la conducción responsable, transformando así su dolor personal en una misión pública para salvar otras vidas. Al hacer esto, honró la memoria de su hijo creando un legado de esperanza y prevención.

Michael perdió a su única hija en un accidente de tráfico, una pérdida que provocó una tormenta emocional de intensidad indescriptible. Sin embargo, en lugar de dejarse abrumar por la tristeza y la ira, eligió honrar la memoria de su hija continuando su sueño de ayudar a los niños necesitados en países en desarrollo. Creó una ONG para materializar este sueño, viajando a varios países para supervisar personalmente las iniciativas de su organización. En esta búsqueda de dar una vida mejor a otros, encontró una nueva razón para vivir y una manera de sentirse cerca de su hija. Su historia ofrece un rayo de esperanza a otras personas en duelo, demostrando el poder de la resiliencia y el sentido.

Finalmente, está Jane. Su marido sucumbió a una larga enfermedad, dejándola sola y devastada. Al igual que los demás, atravesó las olas tumultuosas del duelo, dándose tiempo para comprender y aceptar su pérdida. Honró la memoria de su marido creando una fundación para ayudar a aquellos que luchan contra la misma enfermedad. Encontró una nueva fuerza al realizar sus propios sueños, viajando y explorando el mundo, una actividad que le permitía sentirse en comunión con su difunto marido. Aprendió a continuar viviendo su vida con sentido y a celebrar el amor que compartían, a pesar de la ausencia física de su compañero.

Estos relatos son más que simples historias de duelo. Son testimonios de la resiliencia humana frente a la pérdida más profunda. Cada persona encontró una manera única de enfrentar su dolor, ya sea ayudando a otros, honrando la memoria del ser querido fallecido, encontrando un propósito o realizando aspiraciones personales.

John transformó su ira en amor convirtiéndose en un pilar para otras personas en duelo. Sarah convirtió su depresión en acción, concienciando sobre los peligros de conducir bajo los efectos del alcohol. Michael encontró consuelo y un propósito al continuar el sueño de su hija de ayudar a los niños necesitados. Jane honró la memoria de su marido ayudando a otras personas con la misma enfermedad y viviendo sus propios sueños.

El dolor de su pérdida es innegable, pero lo que destaca en estas historias es su resiliencia ante la adversidad y su capacidad para transformar su dolor en algo positivo y significativo. Cada experiencia de duelo es única, y sin embargo, estas historias muestran que incluso en los momentos más oscuros, podemos encontrar una luz de esperanza, una razón para continuar, una manera de dar sentido a nuestra existencia.

Cada historia de duelo es un recordatorio de que somos, en esencia, seres de luz y amor. Incluso frente a la pérdida y el dolor, tenemos la capacidad de honrar a nuestros seres queridos de manera significativa, encontrar sentido en nuestra existencia y transformar nuestro dolor en una fuerza para el bien.

El Rincón Psicológico

Historia de Mourad

En el infinito tejido de la vida, tejemos historias que definen nuestra existencia, moldean nuestra comprensión y nos impulsan hacia el futuro. La historia de Mourad es uno de estos valiosos tejidos. Es una historia de amor inquebrantable, de pérdida desgarradora y de resiliencia sin límites.

Mourad, un hombre de corazón tierno y alma devota, había dedicado su existencia a nutrir las aspiraciones de su único hijo, Malik. Cada día silencioso, cada noche en vela, luchó para ofrecer a Malik un camino pavimentado de oportunidades y logros. Malik, su luz y alegría, era como una melodía que calmaba sus corazones y los hacía vibrar de amor y orgullo.

Pero el universo, en su misteriosa sabiduría y aparente crueldad, eligió componer una nueva melodía. La víspera de su examen de bachillerato, un día que debería haber sido una celebración del esfuerzo y el logro, Malik fue arrebatado del tejido de su vida en un accidente automovilístico, dejando un agujero desgarrador de dolor y tristeza. Para Mourad y su esposa, era como si el tiempo se hubiera detenido, como si el mundo hubiera perdido su color y su música.

Sin embargo, Mourad encontró la fuerza para levantarse en su amor por Malik. Transformó el grito desgarrador de su dolor en un himno silencioso de amor y recuerdo de su hijo. A pesar de tener solo un diploma de educación básica, Mourad decidió retomar sus estudios. Se embarcó en esta búsqueda con una determinación inflexible, llevando en su corazón el recuerdo de Malik con cada libro abierto, cada página volteada, cada examen aprobado.

Tres años después, Mourad obtuvo su bachillerato, un homenaje a su amado hijo. Este diploma, mucho más que un pedazo de papel, era un símbolo de amor, recuerdo y esperanza. Lo colgó en la habitación de Malik, transformando la melancolía de la ausencia en una celebración silenciosa del amor y la aspiración.

Esta historia de Mourad es un testimonio de la fuerza del alma humana, de su capacidad para superar el dolor y encontrar significado incluso en el abismo de la pérdida. Habla del amor inconmensurable de un padre por su hijo, un amor que trasciende el velo de la muerte. Muestra cómo podemos seguir viviendo después de la pérdida, llevando los sueños de nuestros seres queridos en nuestros corazones y encontrando significado en nuestra existencia. No es solo una historia de duelo, sino una historia de esperanza, resiliencia y amor eterno.

Historia de Marie

Todos estamos conectados por los hilos invisibles de las historias que compartimos, de las alegrías y penas que sentimos. Algunas de estas historias están impregnadas de dolor, tejidas con hilos de terror, sufrimiento y resiliencia. Estas historias deben contarse con sensibilidad y compasión profunda. Esta es la historia de Marie, una mujer que fue testigo del abismo de la inhumanidad, una mujer cuyo coraje y resiliencia ofrecen un conmovedor testimonio de la fuerza del espíritu humano.

La vida pacífica de Marie se hizo añicos cuando la brutal violencia irrumpió en su aldea. Su mundo se derrumbó cuando terroristas se llevaron a su familia, dejando tras de sí una huella indeleble de dolor y desesperación. El dolor de perder a su esposo y a su hijo de esta manera es casi inimaginable, una violencia que desgarra el tejido mismo del alma.

A pesar de su experiencia traumática, Marie sobrevivió, sostenida por la fuerza del espíritu y el amor de su hija. Su hija, un faro de luz en la tormenta de su sufrimiento, alertó a los socorristas que la encontraron y la llevaron al hospital. Allí, en el abismo del dolor y la desesperación, Marie encontró apoyo en el rostro de un psicólogo compasivo. Este hombre dedicado se convirtió en su brújula, ayudándola a navegar en el tumulto de sus emociones.

Al principio, Marie se encerró en el silencio, una fortaleza protectora contra el dolor insoportable de su experiencia. Sin embargo, con el tiempo y la paciencia, el psicólogo logró atravesar ese muro. A través de un método terapéutico especial, logró establecer una comunicación, un puente hacia la sanación. Le mostró que incluso en medio del dolor más devastador, aún había esperanza. Le recordó la importancia de la vida de su hija y le mostró cómo podía encontrar la fuerza para superar su propio dolor por amor a su hija.

Aquí debemos recordar el papel crucial de los profesionales de la salud mental. A menudo son los guardianes silenciosos, los sanadores de heridas invisibles que pueden ser causadas por eventos tan traumáticos. Nos recuerdan que ningún dolor es insuperable, que ninguna herida puede extinguir completamente la llama del espíritu humano. Nos ayudan a ver más allá del velo del dolor, a encontrar significado incluso en las tragedias más oscuras.

Este es un homenaje a la fuerza interior de Marie, a su resiliencia frente a la adversidad. Es un testimonio del poder del espíritu humano, de nuestra capacidad para sobrevivir y superar incluso las situaciones más aterradoras. Es una historia que merece ser contada, una historia que nos recuerda nuestra capacidad de superar la oscuridad con coraje y determinación.

El trauma que Marie vivió es desgarrador y aterrador. Sin embargo, al compartir su historia, estamos llamados a sentirla profundamente y a mostrar empatía. Estamos invitados a considerar el impacto de la violencia y el terrorismo en el individuo y la comunidad, y a reflexionar sobre nuestro papel en la creación de un mundo más seguro y amoroso.

Marie, después de haber sido testigo de una horrible violencia, fue dejada por muerta. Sin embargo, gracias a la valentía de su hija que alertó a los socorristas, fue encontrada y llevada al hospital. Aunque quebrada y golpeada, su luz interior nunca dejó de brillar. Su voluntad de sobrevivir, alimentada por el amor incondicional a su hija, es un poderoso testimonio de la resiliencia humana.

El cuidado de Marie por parte de un psicólogo subraya la

importancia del apoyo emocional en tiempos de crisis. Al principio, Marie permaneció en silencio, las palabras se perdían en el dolor de sus recuerdos. Pero, con infinita paciencia y profunda comprensión, el psicólogo lentamente ayudó a Marie a encontrar su voz. Le permitió explorar su dolor en un espacio seguro y centró la sanación en el amor que tiene por su hija y en la vida que aún tienen por vivir juntas.

Este proceso de sanación subraya la importancia del trabajo de los profesionales de la salud mental. Traen luz a la oscuridad, ofreciendo un refugio seguro para explorar el dolor y descubrir caminos hacia la sanación. Al acompañar a las víctimas de violencia y terrorismo, proporcionan una ayuda invaluable para superar el horror y encontrar la fuerza para seguir adelante.

La historia de Marie es una tragedia que ha resonado en todo el mundo. Es una historia dolorosa, llena de sufrimiento y pérdida. Pero también es una historia de resiliencia y sanación, una historia que recuerda la importancia de la compasión y el apoyo en los momentos más oscuros. Al compartir su historia, rendimos homenaje a su coraje y nos comprometemos a trabajar por un mundo libre de violencia y terror.

En conclusión, debemos recordar que cada historia de víctima de violencia o terrorismo es única y merece ser contada con respeto y sensibilidad. Cada historia es una oportunidad para comprender, mostrar empatía y actuar. Como sociedad, tenemos el deber de escuchar, aprender y hacer todo lo posible para prevenir tales tragedias en el futuro.

Consejos Prácticos para Atravesar el Duelo

En el viaje tumultuoso de la vida, a menudo nos encontramos con olas de tristeza que sacuden nuestra existencia, llevándonos a experimentar el duelo. Cada persona atraviesa estas aguas oscuras a su manera, por lo que no existe una fórmula universal para navegar estos momentos. Sin embargo, como humilde guía, les ofrezco puntos de referencia, luces en la tormenta, para ayudar a guiar su barco a través de estos momentos de turbulencia emocional.

Primero, es importante reconocer que expresar sus emociones no solo es normal, sino también necesario. El duelo no es solo una prueba, sino también un proceso de curación, donde cada lágrima es una perla de sabiduría, cada momento de ira o culpa es un paso hacia la aceptación. No reprima sus emociones, exprésalas, haga espacio para ellas, invítelas a la mesa de su corazón y déjelas contar sus historias.

Segundo, es crucial recordar que el duelo, aunque a menudo es un viaje solitario, no es un viaje que deba emprenderse solo. Busque refugio en la presencia bondadosa de otros, una oreja atenta, una mano extendida puede brindar un gran consuelo. Deje que otros le ayuden a llevar su carga, ya que al compartir nuestro dolor, a menudo encontramos una nueva fuerza.

Tercero, cuídese. El duelo es una tormenta que puede agotar nuestro cuerpo y mente. No olvide que para sanar el espíritu, también debemos cuidar el cuerpo. Tómese el tiempo para alimentarse de manera saludable, mover su cuerpo, descansar y consolarse con actividades que le brinden paz.

Cuarto, no tenga miedo de buscar ayuda profesional. A veces, nuestro dolor puede ser tan grande que necesitamos una mano guía para ayudarnos a atravesar la niebla. Los profesionales de la salud mental pueden proporcionar herramientas y perspectivas que pueden ayudarnos a avanzar.

Es importante entender que el duelo tiene varios rostros, cada uno con sus propias características. Como una joya con múltiples facetas, cada tipo de duelo tiene aspectos únicos y desafíos propios.

El duelo causado por la muerte de un ser querido es una experiencia universal, compartida por todos, pero única para cada individuo. Llega sin aviso, por enfermedad, accidente o vejez, dejándonos a menudo impotentes. Cada etapa, desde el shock inicial hasta la aceptación, es un paso hacia la curación. Permítase llorar, sentir la pérdida y no dude en buscar ayuda si el dolor parece insuperable.

El duelo por la pérdida de un empleo puede golpear tan fuerte como la pérdida de un ser querido. Nuestro trabajo a menudo está estrechamente vinculado a nuestra identidad; perder ese rol puede ser desestabilizador. El proceso de curación aquí implica momentos de ira, culpa, ansiedad y tristeza. Es un momento para reevaluar su identidad y valores, dándose cuenta de que usted es más que su trabajo. Busque ayuda para reorientar su carrera o desarrollar nuevas habilidades, y recuerde que el duelo por esta pérdida es igualmente válido.

El duelo por la pérdida de un rol social, ya sea un matrimonio, una amistad o un rol parental, puede cambiar nuestra percepción de nosotros mismos y del mundo que nos rodea. Las emociones que surgen —tristeza, ira, culpa, ansiedad— son reflejo de la profundidad de nuestro apego a estos roles. Tómese el tiempo para expresarse y busque ayuda para superar este desafío. Esta pérdida, aunque dolorosa, también puede ser una oportunidad de crecimiento, un momento para descubrir nuevos aspectos de usted mismo y nuevas formas de reconectar con los demás.

Es crucial entender que estas etapas del duelo no son lineales, son más como olas que van y vienen. Cada persona navega a través de estas olas a su propio ritmo, y no hay un calendario para el duelo. Tener un profesional de la salud mental a su lado puede ser un faro en la tormenta, guiando su barco hacia aguas más tranquilas.

Finalmente, quiero enfatizar que aunque el duelo es una experiencia universal, cada duelo es único, al igual que cada individuo es único. Cada lágrima tiene su historia, cada corazón tiene su canción. Respetando esta unicidad, podemos ofrecer compasión, escucha y apoyo a nosotros mismos y a los demás, en nuestro viaje a través de las olas del dolor hacia las orillas de la curación.

La Gestión del Duelo

Como guía, puedo ofrecerles caminos, rutas, luces para iluminar su viaje, pero el paso final debe ser el suyo. La gestión del duelo y atravesar el abismo es un mapa que deseo compartir con ustedes.

La terapia individual es un faro en la tormenta del duelo. Ofrece un espacio para encontrarse a sí mismo, para abrazar sus emociones, para comprender su proceso de duelo. Este diálogo íntimo con uno mismo, facilitado por un profesional, puede ayudar a explorar los abismos de su dolor y encontrar estrategias para enfrentarlo. La terapia centrada en las emociones puede ser particularmente beneficiosa, permitiéndole expresar sus emociones de manera saludable y constructiva.

Los grupos de apoyo son como oasis en el desierto del dolor. A menudo son guiados por profesionales, pero el verdadero poder proviene de compartir con otros que también han experimentado la pérdida. En estos espacios, puede compartir sus historias, expresar sus emociones y encontrar un sentido de camaradería en su dolor.

Los amigos y la familia son su tribu en este viaje. Su apoyo puede marcar una gran diferencia, incluso si no siempre saben cómo ayudar. Es importante para ellos estar presentes, escuchar, respetar su proceso de duelo y estar disponibles. Su papel es menos de "curar" su dolor, sino más bien de acompañarlo a lo largo de su proceso de curación.

Las actividades distractoras pueden ser santuarios en su viaje a través del duelo. Pueden ser deportes, meditación, música o arte. Estas actividades pueden ayudarle a canalizar su dolor, a conectarse con partes de sí mismo que no están definidas por su pérdida y a encontrar consuelo en el movimiento, la creatividad o la contemplación.

Es crucial entender que este mapa no es fijo, debe ser adaptado a su propio recorrido. Cada individuo tiene su propia forma de navegar a través del duelo, y el camino que elija puede cambiar con el tiempo, evolucionando con usted.

No hay una "forma correcta" o "incorrecta" de atravesar el duelo. Cada persona tiene su propia forma de bailar con el dolor, y cada baile es único y precioso. Su proceso de duelo es su propio viaje, y es un viaje que tiene derecho a vivir a su manera, a su propio ritmo. Recuerde que el dolor también es parte de la vida, un testimonio del amor y la conexión, y tiene su lugar en la mesa de nuestra experiencia humana.

Las Diferentes Formas de Afrontar el Duelo

En el universo enigmático y doloroso del duelo, se nos presentan múltiples caminos para ayudarnos a navegar estas aguas turbulentas. Es fundamental comprender que cada individuo es único, su dolor es singular, y por lo tanto, su camino hacia la sanación también será distinto.

Una de las rutas potencialmente beneficiosas para superar la pérdida es la exploración de las terapias psicológicas. Enfoques como la terapia cognitivo-conductual, la terapia de aceptación y compromiso, y la terapia centrada en las emociones pueden servir de faros, iluminando los rincones oscuros de la mente, guiando al individuo en duelo a través del laberinto de sus sentimientos, ayudando a transformar el dolor en resiliencia y a redescubrir un sentido en la vida después de la pérdida.

Además, los grupos de apoyo pueden actuar como balizas de esperanza para aquellos que se sienten abrumados por la soledad del duelo. Estos refugios de seguridad emocional permiten un intercambio de historias, sentimientos y sabios consejos, ofreciendo una comunidad empática que puede mitigar el aislamiento a menudo asociado al duelo.

A veces es necesario recurrir a ayudas medicamentosas para manejar los síntomas de depresión y ansiedad que a menudo acompañan al duelo. Los antidepresivos y los ansiolíticos pueden considerarse como herramientas complementarias en un conjunto más amplio de estrategias para afrontar el duelo.

La exploración de actividades espirituales o religiosas puede proporcionar cierto consuelo para algunos, ofreciendo una perspectiva trascendente que puede ayudar a restaurar la resiliencia ante la pérdida. Ya sea a través de la oración, la meditación o rituales específicos, estas prácticas pueden facilitar la conexión con un sentido más profundo y ayudar a calmar el corazón herido.

Las terapias alternativas, como la arteterapia, la meditación, la relajación o el yoga, pueden ser un bálsamo para el alma en duelo, ofreciendo caminos innovadores para expresar y calmar los sentimientos, y fomentando un estado mental más tranquilo y centrado.

El apoyo de los seres queridos es a menudo una piedra angular del proceso de duelo. Su presencia, escucha atenta y apoyo emocional pueden ser invaluables. Pueden ayudar al individuo en duelo a participar en actividades terapéuticas, compartir recuerdos y navegar en los desafíos cotidianos.

En el caso de apoyar a un niño en duelo, la situación se vuelve más delicada. Los niños reaccionan de manera diferente al duelo según su edad y desarrollo, requiriendo un enfoque sensible y adaptado. Es crucial tener en cuenta que los niños experimentan el duelo de manera diferente según su edad y etapa de desarrollo. Las conversaciones sobre el duelo con un niño en duelo deben ser adaptadas a sus necesidades específicas. Es esencial abordar la muerte de manera honesta, pero sencilla, responder a las preguntas del niño con verdad y compasión, y no presentarles información inexacta o engañosa.

Hablar de la muerte: es crucial responder a sus preguntas de manera honesta, sencilla y comprensible.

Expresar emociones: los niños necesitan un espacio para expresar sus emociones. Por lo tanto, es importante permitirles llorar, hablar sobre sus sentimientos, dibujar sus emociones o utilizar cualquier otra forma de expresión que les convenga.

Un apoyo continuo es vital para los niños en duelo. Hablar regularmente sobre la persona fallecida, compartir recuerdos, crear un libro de recuerdos o un jardín conmemorativo puede ayudar a los niños a superar su duelo.

Mantener la rutina del niño tanto como sea posible puede proporcionar un sentido de estabilidad y continuidad en tiempos inciertos. Además, es importante apoyar a los niños para mantener su vínculo con la persona fallecida, tal vez permitiéndoles conservar objetos que pertenecían a la persona, o animándolos a hablar sobre el fallecido.

Actividades de duelo para niños: Anímelos a participar en

actividades como la creación de un libro de recuerdos o un jardín conmemorativo.

Mantener el vínculo con el difunto: ayude a conservar su vínculo con el difunto, permitiéndoles conservar objetos o continuar hablando de esa persona.

Fomentar la amistad: a encontrar amigos con quienes puedan compartir su pena.

Finalmente, continúe monitoreando el estado emocional del niño. Si tiene preocupaciones sobre su salud mental o emocional, no dude en consultar a un profesional. Lo importante es navegar juntos a través de estas aguas turbulentas, de la mano, con compasión y amor.

Estudios de Caso

En la odisea de la existencia de todo ser humano, el duelo resulta ser una etapa torbellinito y a veces desgarradora que exige una atención especial. Cada pequeño ser, enfrentado al desafío del duelo, se mueve en una constelación de emociones singulares, bordeada por el tejido de su edad, la profundidad de su madurez y la intensidad de su apego al fallecido. En este instante precioso donde las sombras se mezclan con las luces, es imperativo abrazar estas singularidades cuando se guía a un niño a través del laberinto del duelo.

El niño, ese frágil brote de la humanidad, evoluciona en un mundo impregnado de realidad, pero que se tiñe de magia a través de sus ojos inocentes. Las estaciones de la vida se revelan ante él como cuadros de la naturaleza, y el duelo se erige como una nube oscura, velando momentáneamente el cielo de su existencia. Cada edad, como una nota en una sinfonía, aporta su propia melodía a la narrativa del duelo.

El pequeño, aún marcado por la despreocupación, puede percibir la partida de un ser querido como un enigma efímero. Sus lágrimas son perlas de confusión, sus preguntas, estrellas de inocencia. Expresa su pena a través de gestos, palabras simples y abrazos. A esta edad, el consuelo se encuentra en el tierno abrazo de un padre, en la melodía tranquilizadora de una canción de cuna.

El niño mayor, despierto a la realidad del mundo, siente el duelo con una agudeza más viva. Las emociones giran en él, como hojas arrastradas por el viento otoñal. Cuestiona la muerte, la busca en las estrellas y las nubes. El apoyo debe ser entonces un faro en la noche, guiando al niño a través de los meandros de sus emociones. Palabras tiernas, relatos tranquilizadores y un hombro atento son las herramientas necesarias para guiarlo hacia la claridad.

El adolescente, caminando en la delgada línea entre la infancia y la edad adulta, ve el duelo como un espejo que refleja la complejidad de sus sentimientos. Puede replegarse en sí mismo, buscar respuestas en los confines de su mente, o perderse en el tumulto de la vida. La presencia amorosa de los adultos, la posibilidad de compartir sus pensamientos, incluso los más oscuros, son esenciales para que encuentre su camino a través de este bosque de emociones.

Honrar estas variaciones de edad es primordial, al igual que reconocer el vínculo afectivo entre el niño y el difunto. Cada relación es única, cada pérdida deja una huella profunda en el corazón del niño. En este vínculo reside la trama de la historia, la poesía del duelo.

El duelo es también una nostalgia que envuelve el alma como un dulce perfume de rosas marchitas. Es el recuerdo de momentos compartidos, de risas y lágrimas, de historias tejidas juntas. Es la sensación fugaz de una presencia que parece vibrar aún en el aire. Es una romanza eterna entre el pasado y el presente, un baile entre los recuerdos y la realidad.

A través de los tormentos del duelo, el niño encuentra una fuerza insospechada. Crece, madura y halla en sí mismo la capacidad de reinventar su propio relato. El duelo no es solo un final, sino también un comienzo, una metamorfosis del alma.

Finalmente, acompañar a un niño en el viaje del duelo requiere una profunda sensibilidad, un oído atento y un corazón lleno de compasión. Es un acto de amor, un legado de sabiduría que transmitimos a la futura generación. Es el arte de tejer vínculos entre el pasado y el presente, la realidad y la magia, el dolor y la curación. Es una lección valiosa que educa y conmueve, recordándonos que incluso en las horas más oscuras, la luz del amor sigue brillando, iluminando el camino del niño hacia un futuro lleno de belleza y redención.

Cómo Actuar Frente a un Niño que ha Perdido a su Madre

Consideremos el caso conmovedor de un niño de ocho años, profundamente afectado por la pérdida de su madre, una presencia central en su universo. Este joven individuo está sumergido en las turbulentas aguas del dolor. Las lágrimas, como arroyos, surcan frecuentemente su rostro, su sueño está velado por tormentos y el apetito desaparece en la sombra de su pena. El niño, en este preciso momento, requiere una atención especial, ya que sus necesidades son únicas e imperiosas.

En el suave nido de su corazón infantil, guarda como tesoros los recuerdos con su madre. Esos momentos compartidos, esas risas cristalinas, esas historias encantadoras, todo ello permanece grabado en los pliegues de su alma. Anhela compartirlos, evocarlos, revivirlos. Es una necesidad apremiante, una búsqueda de consuelo a través del poder de los recuerdos.

El dolor que lo aprisiona, como un yugo implacable, requiere un

abrazo constante, una presencia reconfortante. El niño, en su fragilidad, se siente abrumado por las tumultuosas olas de la tristeza. Necesita sentir una mano amable, una mirada tranquilizadora, un corazón abierto a su pena. El apoyo debe ser ininterrumpido, un faro en la noche de su duelo, guiando su pequeño barco a través de los abismos del océano del dolor.

El niño, en este instante de vulnerabilidad, no pide la luna. Simplemente busca la certeza de que su dolor es comprendido, que su pena es legítima, que sus emociones son respetadas. Quiere saber que no está solo en esta travesía por la oscuridad. En esta compasión, en esta presencia inquebrantable, se encuentra el bálsamo que calma su corazón herido.

La pérdida de una madre es una herida profunda, una cicatriz que marcará para siempre el camino de este niño. Pero en medio del dolor, persiste un resplandor, el del amor eterno que une a madre e hijo. Es un amor que trasciende el tiempo y el espacio, que sobrevive a la separación, que sigue brillando en los rincones más oscuros del alma del niño.

Así, al seguir los meandros del dolor de este niño, descubrimos el poder del amor, la fragilidad de la vida y la resiliencia del alma humana. Es una lección de humanidad, una poesía del corazón que nos recuerda que incluso en los momentos más sombríos, la luz del amor persiste, iluminando el camino hacia la sanación y la

redención.

Acciones Concretas a Implementar en esta Situación:

1. **Escucha y empatía:** Como el gran árbol bajo el cual nos refugiamos durante las tormentas, sean esa presencia reconfortante. Permitan que el niño hable de su madre, de los momentos compartidos y de sus emociones, sean estas de tristeza, ira o confusión. Es esencial mostrar empatía y permitirle expresar su dolor.
2. **Acompañamiento del duelo:** Entiendan que el duelo es un viaje, a veces largo y sinuoso. Momentos difíciles pueden surgir en cualquier momento. En este sentido, ofrezcan al niño recursos como libros adecuados a su edad, grupos de apoyo o la ayuda de un terapeuta especializado para ayudarlo a manejar su dolor.
3. **Mantenimiento de la rutina:** La rutina es un hilo de Ariadna que guía al niño a través del laberinto del duelo. Mantengan

estable la rutina del niño, animándolo a participar en actividades cotidianas como la escuela o pasatiempos. Esto ayudará a mantener cierta normalidad y seguridad en su vida.

4. **Promoción de una relación positiva con la madre fallecida:** Animen al niño a mantener una relación positiva con su madre, incluso después de su muerte. Permitan que hable con su madre, escriba cartas para ella, conserve objetos que le recuerden su presencia. Es una forma saludable de tratar la pérdida y conservar un vínculo afectivo con la madre.

5. **Estar presente para el niño:** El duelo es una montaña para escalar, y cada paso requiere mucho esfuerzo. Estén disponibles para el niño, para escucharlo, para tranquilizarlo, para apoyarlo. Su presencia constante y paciente será una fuente de consuelo y apoyo durante todo este difícil viaje.

Es importante tener en cuenta que cada niño es único y que el camino del duelo que emprende será igualmente único. Cada paso que da, cada sentimiento que expresa, cada necesidad que manifiesta debe ser respetada y considerada en el apoyo que le brindamos.

Cómo Actuar Frente a un Niño que ha Perdido a su Padre

El viaje de la vida, un sendero sinuoso bordeado de pruebas que moldean nuestro ser, nos recuerdan constantemente la fugacidad de nuestra existencia. Entre estos desafíos mayores se encuentra la sombra del duelo, aún más conmovedora cuando envuelve la figura de un padre. Cuando un niño se aventura valientemente en esta penumbra, necesita una mano tierna que lo guíe y un alma compasiva que lo comprenda. En este oscuro rincón del alma, contemplaremos la historia de un joven de doce años, abrazado por el dolor de perder a su padre, una relación menos flamante que la que tenía con su madre, pero igualmente profunda.

El corazón de este joven, en este momento de profunda tristeza, está velado por nubes oscuras. Las lágrimas fluyen en silencio, su concentración escolar titubea, y las preguntas se amontonan en su mente, buscando desvelar los misterios de la muerte. Sus necesidades específicas son como delicados pétalos de rosa que giran a su alrededor, testigos de sus deseos más íntimos.

Siente la imperiosa necesidad de hablar de su padre, de recordar los momentos preciosos compartidos, de colocar esos frágiles recuerdos a la luz de la memoria para preservarlos del olvido. En cada relato, en cada anécdota, encuentra un bálsamo para calmar su alma atormentada, un abrazo virtual que lo conecta con el alma de su padre, donde las palabras y los recuerdos se funden en una melodía de ternura.

Pero más allá de las palabras, también necesita desenredar el ovillo de la muerte, ese concepto misterioso que desafía la comprensión del espíritu humano. Se pregunta sobre el significado de esta transición hacia lo desconocido, sobre el destino del alma que vuela, sobre el misterio último de la vida y la muerte. Busca un guía, un faro en las tinieblas de la metafísica, alguien que pueda calmar sus tormentos y alumbrar el oscuro camino de sus interrogantes.

En este viaje a través del duelo, todos somos compañeros, guardianes de memorias, guardianes de almas. Es en la comunión de los corazones, en la dulce melodía de los recuerdos, en la incansable búsqueda de la verdad, donde el niño encuentra consuelo, donde el alma halla curación. El duelo es el reflejo conmovedor de la condición humana, un lienzo complejo tejido de tristeza, amor y comprensión, una poesía en prosa que nos enseña el valor sagrado de cada momento, la fragilidad de cada vida, y la fuerza inmensurable del amor que trasciende la muerte, iluminando nuestro camino hacia la redención.

Acciones Concretas a Implementar en esta Situación:

1. **Escucha y empatía:** La escucha activa es una virtud preciosa. Permita que el niño hable de su padre, comparta recuerdos, exprese sus emociones. Con su presencia y empatía, demuéstrele que comprende su pena y que está ahí para acompañarlo en este difícil tránsito.

2. **Responder a las preguntas del niño sobre la muerte:** Frente a la muerte, surgen preguntas, especialmente en un niño. Responda a estas preguntas con honestidad, adaptando su discurso a su edad y nivel de comprensión. Es crucial no evitar estas preguntas, ya que permiten al niño integrar lo sucedido.

3. **Apoyo en el duelo:** El duelo es un recorrido con sus propios desafíos. Es largo, es único, es personal. Proporcione al niño recursos adecuados, como libros sobre el duelo, grupos de apoyo o la ayuda de un terapeuta para ayudarlo a atravesar este proceso.

4. **Mantener la rutina:** En el caos del duelo, mantener la rutina puede servir de guía. Mantenga la rutina del niño estable, anímelo a continuar con sus actividades diarias, ya sea la

escuela o actividades extracurriculares. Esto permitirá al niño sentirse seguro y recuperar cierta normalidad.

5. **Promover una relación positiva con el padre fallecido:** Incluso después de la muerte, la relación con el padre puede continuar de manera diferente. Anime al niño a seguir sintiéndose conectado con su padre, a través del diálogo con él, la escritura de cartas o la conservación de objetos que lo vinculen a su padre. Esto permite al niño mantener una relación positiva con su padre y facilita el proceso de duelo.

6. **Estar presente para el niño:** El duelo es un viaje largo y arduo. Esté presente para el niño, atento a sus necesidades, listo para apoyarlo y tranquilizarlo. El duelo no es un proceso para acelerar, sino un camino para recorrer con

paciencia y compasión.

Cómo Actuar Frente a un Niño que ha Perdido a sus dos padres

En la gran sinfonía de la vida, la música a veces adopta un tono melancólico, una nota que resuena dolorosamente cuando el destino coloca a un niño frente a la pérdida simultánea de sus dos padres. Es un capítulo donde la tristeza toma el protagonismo y el dolor se funde en el alma como un torrente impetuoso. En tales horas oscuras, se necesita una sensibilidad exquisita y una compasión infinita para guiar al niño a través de las turbulentas olas de su desconcierto. Permítannos iluminar este viaje a través del prisma del desarrollo personal, un enfoque que se adapta a la singularidad de cada niño.

La pérdida simultánea de los dos pilares del niño, sus padres, es una prueba sin igual. El mundo que conocía, la seguridad que había encontrado en sus brazos amorosos, todo se desploma repentinamente, dejando un abismo de soledad y desolación. Las lágrimas, los gritos silenciosos, las preguntas sin respuesta, todo se convierte en el día a día de este niño naufragado.

Frente a tal prueba, el niño requiere un enfoque que trascienda los modelos convencionales. Cada uno de ellos es una estrella solitaria en el universo de su dolor, y es necesario adaptar el apoyo a su luz única. La escucha atenta, la comprensión profunda, la presencia constante son tantos instrumentos en la orquesta de la curación.

El niño, en el corazón de esta tormenta, necesita contar su historia, dar voz a su dolor indescriptible. Quiere compartir recuerdos de sus padres, recuerdos que se convierten en faros en la oscuridad de su dolor. Cada anécdota, cada reminiscencia es una estrella en el firmamento de su memoria, una estrella que ilumina el camino hacia la redención.

El desarrollo personal del niño, en este contexto desgarrador, se forja en el crisol de la adversidad. Aprende a enfrentar las tormentas de la vida con una resiliencia que supera el entendimiento. Descubre la profundidad de su propia fuerza, la belleza de su propia fragilidad y la capacidad del alma para levantarse incluso después de las pruebas más desgarradoras.

Al final, la historia de este niño es una epopeya de amor, pérdida, dolor y resiliencia. Es una lección de vida que nos recuerda la fragilidad de nuestra existencia, la fuerza indomable del alma humana y el poder del amor que trasciende la muerte. En esta sinfonía de la vida, incluso las notas más oscuras pueden crear una melodía conmovedora, una melodía que nos enseña que la esperanza y la curación son siempre posibles, incluso en el corazón de la tormenta.

Escucha y empatía: A veces el silencio puede ser más pesado que las palabras. El acto de escuchar puede convertirse en un puente de compasión entre usted y el niño. Acoja las historias, recuerdos y sentimientos que el niño desea compartir sobre sus padres. La empatía en estos momentos dolorosos es más que una simple reacción; es una mano extendida, un salvavidas en medio de un mar embravecido.

Responder a las preguntas sobre la muerte: la muerte puede ser un concepto abstracto para un niño, una sombra aterradora que suscita muchas preguntas. A través de estas preguntas, el niño busca comprender lo incomprensible, dar sentido a lo insensato. Esté preparado para responder de manera honesta, clara y adaptada a su edad, evitando metáforas confusas o aterradoras.

Apoyar al niño en el proceso de duelo: el duelo es un paisaje cambiante, con altibajos, avances y retrocesos. Es esencial ayudar al niño a comprender que el duelo no es una línea recta, sino más bien una espiral. Habrá días mejores y días más oscuros, y esto es completamente normal. Ofrezca recursos, como libros que traten el duelo de una manera adaptada a su edad, recomiende grupos de apoyo donde pueda conocer a otros niños que han vivido experiencias similares, o ayúdelo a encontrar un terapeuta especializado en duelo infantil.

Mantener una rutina: en estos tiempos de caos, una rutina estable

puede ofrecer un sentido de normalidad y seguridad. Anime al niño a continuar participando en sus actividades diarias, como ir a la escuela, jugar con amigos o practicar actividades extracurriculares. Una rutina también puede ayudar al niño a sentir cierto control en un período donde todo parece fuera de control.

Cultivar una relación positiva con los padres fallecidos: el vínculo entre un niño y sus padres no se rompe con la muerte. Anime al niño a mantener una relación afectiva con sus padres. Esto puede incluir hablar de ellos, escribir cartas para ellos, dibujar imágenes para ellos o conservar objetos que recuerden su presencia. Estas actividades pueden ayudar al niño a sentirse siempre conectado a sus padres e integrar su recuerdo en su vida diaria.

Estar disponible para el niño: El apoyo no significa solo estar presente durante los momentos de crisis, sino también en los momentos ordinarios. Comparta momentos de calidad con el niño, proponga actividades reconfortantes, hable sobre sus emociones y pensamientos. Su presencia constante será un recordatorio de que el niño no está solo, que hay alguien en quien puede confiar.

Fomentar relaciones positivas: anime al niño a tejer y mantener lazos positivos con otras personas en su vida, como amigos, familiares o mentores. Estas relaciones pueden ofrecer un apoyo adicional y pueden ser particularmente útiles cuando el niño tiene dificultades para abrirse o compartir sus sentimientos con usted.

Sensibilización a los signos de angustia: El duelo a veces puede generar signos de angustia más profunda. Esté atento a los cambios de comportamiento, problemas de sueño o apetito, bajadas de rendimiento escolar o cualquier pensamiento suicida. Si estos signos están presentes, no dude en consultar a un profesional de la salud tanto física como mental.

Explicar la muerte a un niño

La muerte, esa última frontera de la vida, permanece como una realidad ineludible que se inscribe en el curso natural de nuestra existencia. Sin embargo, para la inocencia de un niño, se erige como un enigma desconcertante, a veces incluso aterrador. ¿Cómo abordar esta realidad con una mente pura, sin perturbar el equilibrio frágil de su alma? Envueltos en sabiduría y sensibilidad, iniciemos el descubrimiento de cómo guiar a nuestros pequeños exploradores a través del misterioso territorio de la muerte, considerando su edad y nivel de comprensión.

Cada niño es un viajero único, con su propio equipaje emocional e intelectual. La forma de explicar la muerte a un niño debe ser tan suave como una caricia del amanecer, tan delicada como una pluma que roza la piel. Para el más pequeño, la explicación se adorna de simplicidad, dulzura y consuelo. Se puede hablar de la muerte como un largo sueño, donde no se siente dolor ni miedo. Esta metáfora alivia las inquietudes de la joven mente, permitiéndole comprender

la idea sin sobresaltos.

A medida que el niño crece, su comprensión de la muerte evoluciona. Se vuelve más curioso, más consciente de la realidad del mundo. Entonces es el momento de abordar la noción de manera más detallada, subrayando la naturaleza ineludible de la muerte, pero presentándola como una parte inseparable del ciclo de la vida. Se puede hablar de la memoria de los seres queridos fallecidos, las historias y recuerdos que perduran, transformando así la muerte en un legado precioso.

La adolescencia, ese frágil paso entre la infancia y la adultez, exige un enfoque impregnado de profundidad. El adolescente busca respuestas más matizadas, significado para atribuir a esta realidad ineludible. La exploración filosófica se vuelve posible, hablando de conceptos como la finitud, el alma o la espiritualidad. El adolescente, a través de estas discusiones, puede encontrar respuestas que resuenen con su propia búsqueda de significado.

La manera de explicar la muerte a un niño es una danza sutil entre la ternura y la verdad, entre la simplicidad y la profundidad, entre la protección y la preparación. Es un viaje que nos recuerda la fragilidad del alma del niño, el poder de las palabras bien elegidas y la capacidad del amor y la comprensión para iluminar incluso los rincones más oscuros de la vida. Es una lección de humanidad que nos enseña que, incluso en el corazón de la noche, una estrella de verdad y ternura puede guiar a nuestros pequeños viajeros hacia el

amanecer de una comprensión apaciguada.

Los más pequeños (hasta aproximadamente 4 años): Para estas almas jóvenes y sensibles, el concepto de la muerte sigue siendo un horizonte lejano, un enigma misterioso. Es nuestro deber ofrecerles una explicación impregnada de simplicidad, sin ocultar la verdad. Podemos decirles que cuando alguien muere, deja de respirar, hablar, moverse y ya no estará físicamente presente como antes. Pero, en esta delicada conversación, es igualmente esencial ofrecerles la dulce promesa de que el ser querido puede continuar viviendo en sus corazones, en sus recuerdos y en las historias que comparten.

Imaginemos por un momento la mente curiosa y maravillada de un niño, ese jardín fértil donde las semillas del conocimiento germinan con una pureza inigualable. La muerte, para él, es un enigma complejo, un misterio que busca descifrar. En este espacio de comprensión en desarrollo, la simplicidad de las palabras es la clave. Podemos decirle al niño que cuando alguien se apaga, su cuerpo deja de funcionar, como una máquina que se detiene. Ya no respira, no habla, no se mueve. Una metáfora suave que ilumina sin sobresaltar, que proporciona un rayo de comprensión sin sumergir al niño en los abismos del terror.

Sin embargo, la tristeza puede invadir el corazón del niño, el miedo puede apoderarse de su mente. Es en este momento que nosotros, como adultos, tenemos el deber de extender una mano reconfortante. Debemos asegurarle que no está solo en su dolor, que puede expresar sus emociones libremente, que la muerte es parte del ciclo natural de la vida. Puede mantener vivo el recuerdo de la persona fallecida compartiendo historias, recordando los momentos preciados que pasaron juntos. Es en estos recuerdos, en estas historias compartidas, donde el ser querido permanece vivo, una estrella brillante en el firmamento de su memoria.

Así, en esta delicada danza entre la simplicidad y la dulzura, entre la realidad y la compasión, guiamos a estos jóvenes espíritus a través de los meandros del concepto de la muerte. Es un viaje de aprendizaje, de descubrimientos emocionales, que los prepara para enfrentar la realidad de la vida con una comprensión profunda y una sensibilidad que los hará más fuertes. Es una lección de amor, resiliencia y aceptación que los acompañará a lo largo de su existencia. Y en el suave murmullo de estas enseñanzas, la poesía de la vida sigue floreciendo, como una delicada flor que encuentra su belleza incluso en medio de la oscuridad.

Niños en edad preescolar (5-7 años): Los niños en edad preescolar, esas pequeñas esponjas ávidas de conocimiento, navegan en las aguas cambiantes de la comprensión de la muerte. A esta tierna edad, comienzan a vislumbrar la naturaleza inevitable de la muerte, aunque la idea de su permanencia aún pueda flotar en los limbos de su mente en desarrollo. Como guías benevolentes, es nuestro deber ofrecer una explicación que resuene con su joven curiosidad, preservando al mismo tiempo su inocencia.

Imaginemos a un niño de cinco a siete años, con sus ojos brillantes y sus preguntas interminables. Se vuelve hacia el mundo, maravillado y deseoso de comprender. La muerte, para él, es un enigma complejo que requiere una respuesta más elaborada. Para ello, podemos utilizar analogías simples, metáforas extraídas de la propia naturaleza, como el ciclo de las estaciones o la metamorfosis de una mariposa.

Cuando hablamos del ciclo de las estaciones, podemos explicar al niño que la vida es como una gran historia que se desarrolla año tras año. La primavera trae el nacimiento, el verano la floración, el otoño la madurez y el invierno, el final natural. Al igual que las hojas de los árboles caen en otoño para dar paso a nuevos brotes en la primavera siguiente, los seres vivos atraviesan etapas de vida y luego descansan en paz, dejando espacio para nuevas vidas que nacen.

La metamorfosis de una mariposa también puede ser una analogía valiosa. Podemos explicar al niño que todo ser vivo, como la mariposa, experimenta una transformación. La mariposa comienza su vida como una oruga y luego se metamorfosea en una hermosa mariposa. De la misma manera, cuando alguien muere, su cuerpo se transforma y su espíritu vuela como una mariposa hacia un lugar

especial, donde puede encontrar paz y descanso.

Sin embargo, a esta edad, las preguntas son comunes, y debemos recibirlas con un oído atento y paciencia infinita. La curiosidad del niño es una señal de que está tratando de comprender el mundo que lo rodea, y es nuestro deber alentarlo en esta búsqueda. Podemos responder a sus preguntas con palabras simples y sinceras, evitando cualquier lenguaje complejo o aterrador que pueda provocar preocupaciones.

La clave reside en la escucha, la paciencia y el amor. Debemos crear un espacio donde el niño se sienta seguro para hacer sus preguntas, expresar sus emociones y explorar la complejidad de la vida y la muerte a su propio ritmo. Es en este enfoque suave y compasivo que ofrecemos al niño una base sólida para su comprensión del mundo, preservando al mismo tiempo la dulce melodía de su inocencia. Es un viaje de aprendizaje, descubrimientos y consuelo, donde cada pregunta se convierte en una estrella en el cielo de su comprensión, iluminando el camino hacia la sabiduría y la serenidad.

Niños de edad escolar (8-12 años): Los niños de edad escolar, estos jóvenes espíritus en expansión, están dotados de una madurez creciente que les permite comprender conceptos más detallados, incluyendo el de la muerte. A esta edad, la exploración de esta realidad se vuelve más compleja, pero también más rica en comprensión. Como guías, estamos encargados de ofrecerles explicaciones que combinen claridad y sensibilidad, mientras creamos un espacio donde sus emociones puedan florecer.

Imagina un niño de ocho a doce años, un pequeño investigador sediento de conocimientos, listo para explorar las profundidades del mundo que lo rodea. La muerte, para él, es un enigma que exige una respuesta más elaborada. Es el momento de hablar de la muerte como parte integral del ciclo de la vida, una idea que trasciende la simple existencia física. Podemos explicar que todo ser vivo nace, crece, vive su vida y finalmente muere. La muerte es una etapa natural de este viaje, una transición hacia un estado de paz y descanso.

Al abordar la cuestión de las causas del fallecimiento, despertamos su comprensión del mundo. Podemos explicar que la muerte puede ocurrir por diversas razones, como enfermedades o accidentes. Esto les ayuda a comprender que la vida es preciosa, pero también frágil, y que la muerte puede sobrevenir de manera impredecible. Sin embargo, es esencial no provocar miedo, sino más bien destacar la importancia de la precaución y la salud para preservar esta vida preciosa.

Paralelamente a esta exploración intelectual, es primordial alentar a estos niños a expresar sus sentimientos y miedos. A esta edad, comienzan a sentir el impacto emocional de la muerte, la tristeza, el miedo, la confusión. Debemos crear un espacio seguro donde puedan compartir sus emociones con confianza, donde puedan hacer preguntas sin tabúes, donde sus sentimientos sean respetados y validados.

La creación de este espacio emocional es un paso crucial hacia la aceptación. La muerte, para un niño de esta edad, a menudo viene acompañada de una oleada de preguntas existenciales, preocupaciones sobre la finitud de la vida. Necesitan saber que sus emociones son normales, que la tristeza es un homenaje al valor de la vida, que el miedo puede ser calmado mediante la comprensión y el apoyo.

Guíamos a estos jóvenes espíritus hacia la sabiduría y la serenidad, preservando su sensibilidad y curiosidad. Les ayudamos a navegar en las aguas turbulentas de la comprensión de la muerte, ofreciéndoles respuestas reflexivas, ánimos para explorar y un espacio para expresar sus emociones. Es un viaje de aprendizaje y crecimiento, donde cada paso los acerca un poco más a la comprensión de la complejidad de la vida y la muerte. Es una lección de amor, coraje y resiliencia, que los prepara para enfrentar la realidad de la vida con compasión y comprensión, preservando la belleza de su alma infantil.

Adolescentes (13 años y más): En el umbral de la adolescencia, estos años cruciales donde los horizontes de la comprensión se amplían, la muerte adquiere un significado más profundo. Es el momento en que las jóvenes almas comienzan a sumergirse en los abismos de la existencia, a sondear los misterios de la vida y la finitud. Para nosotros, guías benevolentes, es imperativo entablar conversaciones más detalladas y honestas sobre la muerte, mientras ofrecemos un apoyo invaluable para ayudarles a atravesar los remolinos del duelo.

Imagina un adolescente de trece años o más, con sus sueños en gestación y sus preguntas existenciales que se dibujan como constelaciones en su mente. A esta edad, la muerte ya no es una simple abstracción, sino una realidad que cobra forma. Las preguntas que plantean son a menudo más profundas y matizadas. Pueden preguntarse por qué ocurre la muerte, cuál es el sentido de la vida y cómo deben enfrentar la pérdida.

Es esencial alentarlos a compartir sus pensamientos, a expresar sus preocupaciones sin reservas. La adolescencia es un período de transición donde se forja la identidad, donde se construyen creencias y valores. Al apoyarlos en este proceso, les ayudamos a comprender e integrar la realidad de la muerte en su propia filosofía de vida.

El duelo, a esta edad, puede ser intenso y complejo. Los adolescentes pueden experimentar una multitud de emociones, desde la ira hasta la tristeza, pasando por la confusión. Nos corresponde, como adultos, ser faros de estabilidad en la tormenta de sus emociones. Debemos estar preparados para guiarlos a través de las etapas del duelo, ofreciéndoles un hombro en el que apoyarse, un oído atento para escuchar sus angustias.

Además, es esencial prepararlos para enfrentar la muerte de personas cercanas en el futuro. La vida es un viaje lleno de encuentros y separaciones. Al equiparlos con comprensión y compasión, les proporcionamos herramientas para enfrentar lo inevitable, para superar las pérdidas con resiliencia.

Cada adolescente es un individuo único, con su propio ritmo de aprendizaje y duelo. Algunos pueden plantear preguntas profundas de inmediato, mientras que otros pueden guardar sus preocupaciones para más tarde. Debemos estar presentes para ellos, disponibles en todo momento, listos para responder a sus preguntas, ofreciéndoles nuestro amor y apoyo constante.

En la oscuridad de la muerte, tenemos la oportunidad de enseñarles lecciones valiosas sobre la empatía, el amor que trasciende la muerte y la resiliencia frente a la adversidad. En estos momentos de vulnerabilidad se siembran las semillas de la sabiduría, la compasión y la comprensión, listas para florecer en su alma a lo largo de su vida. Es una lección de humanidad que trasciende el tiempo, una ofrenda de luz en el misterio de la muerte, un abrazo de amor que persiste incluso más allá de la vida.

Explicar a Dios a un niño

Existen innumerables caminos que conducen a la majestuosa montaña sagrada, pero en la cima siempre reside la misma grandeza. En esta metáfora, la montaña encarna a Dios, y los senderos representan las múltiples formas en que intentamos explicar y comprender lo divino. Para un niño, esta montaña puede parecer inalcanzable, su panorama impregnado de misterio y, a veces, de temor. Entonces, ¿cómo podemos, con sabiduría y sensibilidad, explicarle lo que a veces permanece enigmático incluso para los adultos?

Imagina a un niño curioso, con los ojos brillantes de fascinación, sediento por comprender el mundo que lo rodea. Para él, Dios es una noción abstracta, un concepto que a menudo escapa a la comprensión. Observa esta imponente montaña y se pregunta cómo escalar sus empinadas laderas.

En este viaje explicativo, podemos tomar el camino de la simplicidad. Podemos decirle al niño que Dios es como el sol que brilla en el cielo, invisible pero siempre presente. Es como el viento que acaricia suavemente la piel, sentido pero no visto. Es como el amor que sentimos en nuestro corazón, un sentimiento profundo que nos guía y nos reconforta.

La metáfora de la montaña sagrada también puede servir para iluminar el camino. Podemos explicarle al niño que Dios es esa majestuosa montaña que vigila nuestro mundo, que ofrece refugio y sabiduría a quienes escalan sus alturas. Cada uno puede elegir su propio camino para alcanzar la cima, ya sea a través de la oración, la meditación o la realización de buenas acciones. La cima de la montaña es el lugar donde el alma encuentra la paz y la comunión con lo divino.

Sin embargo, también debemos reconocer que la comprensión de Dios es una búsqueda personal, y que cada individuo puede tener su propia visión de lo divino. Algunos lo ven como un padre amoroso, otros como una fuerza universal, y otros como una presencia interior. No hay una respuesta única, sino una multitud de senderos que convergen hacia la cima.

Como adultos, estamos aquí para guiar al niño en su viaje espiritual, para responder a sus preguntas con paciencia y comprensión. Debemos crear un espacio donde se sienta seguro para explorar su propia relación con lo divino, donde sus dudas sean respetadas, donde su fe se cultive con amor.

A través de esta explicación, tenemos la oportunidad de enseñarle al niño lecciones valiosas sobre la fe, la tolerancia y la búsqueda de significado. Le mostramos que la montaña sagrada es vasta e infinita, que cada uno puede encontrar su propia verdad. En esta aventura, compartimos nuestra propia sabiduría, mientras permitimos que el niño explore los caminos de la espiritualidad con curiosidad y respeto. Es un viaje de asombro, descubrimiento y conexión con lo invisible, una aventura espiritual que perdurará toda su vida. Es una lección de amor, fe y comprensión que trasciende el tiempo, un abrazo cálido en el misterio de la fe, una oda a la belleza de la búsqueda espiritual.

Utilizar un lenguaje simple y adaptado a la edad del niño: El concepto de Dios, amplio y misterioso, a menudo permanece inalcanzable, incluso para las almas más iluminadas. Cuando abordamos este tema con niños, nos enfrentamos a la necesidad de traducir esta complejidad en palabras simples y accesibles. Debemos tejer metáforas que iluminen sus mentes, que nutran su curiosidad.

Imagina a un niño, con los ojos llenos de inocencia, el corazón abierto a la magia del mundo que lo rodea. Para él, Dios es un concepto abstracto, un enigma que invita a la reflexión. Observa la belleza de la naturaleza, la bondad de los seres humanos y se pregunta de dónde provienen todas estas maravillas.

En esta búsqueda de explicación, podemos usar la metáfora del amor. Podemos decirle al niño que Dios es como el amor, omnipresente, infinito e incondicional. Así como el amor se manifiesta en los gestos de ternura de una madre hacia su hijo, en la cálida sonrisa de un amigo, Dios se revela a través de la benevolencia y la compasión que sentimos los unos por los otros. Es una presencia suave y reconfortante que impregna nuestro mundo, que reside en cada acto de bondad y cada palabra de aliento.

Otra poderosa metáfora es la del viento. Podemos explicarle al niño que Dios es como el viento, invisible a simple vista, pero sentido en cada brisa que acaricia nuestra piel, en cada aliento que anima nuestro ser. El viento es una fuerza misteriosa que nos rodea constantemente, que moldea el mundo natural. De la misma manera, Dios es una presencia constante, una energía benevolente que guía nuestras vidas, que infunde vida en la naturaleza, que nos recuerda la interconexión de todas las cosas.

Estas metáforas simples actúan como linternas en la oscuridad, iluminando el camino hacia la comprensión. Ofrecen al niño una forma de abordar lo incomprensible, de sentir la cercanía de lo divino en los momentos simples de la vida. Le permiten explorar la espiritualidad con curiosidad y apertura de mente, mientras preservan la esencia de su inocencia.

Sin embargo, es esencial recordar que la comprensión de Dios es una búsqueda personal, una exploración que puede evolucionar con el tiempo. Cada uno puede tener su propia visión de lo divino, sus propias metáforas que resuenan con su corazón. No hay una respuesta única, sino una multitud de caminos que convergen hacia la misma verdad.

Como adultos, estamos aquí para guiar al niño en su viaje espiritual, para responder a sus preguntas con paciencia y empatía, para cultivar su fe con amor. Creamos un espacio donde puede explorar su propia relación con lo divino, donde puede construir su propio

camino hacia la comprensión.

En este aprendizaje, enseñamos al niño lecciones valiosas sobre la fe, la tolerancia y la belleza de la búsqueda espiritual. Compartimos nuestra propia sabiduría, mientras respetamos su individualidad y curiosidad. Es un viaje de asombro, descubrimiento y conexión con lo invisible, una aventura espiritual que perdurará toda su vida. Es una lección de amor, fe y comprensión que trasciende el tiempo, un abrazo cálido en el misterio de la fe, una oda a la belleza de la búsqueda espiritual.

Dios, el creador y el guardián: Representar a Dios es una búsqueda antigua y compleja, como un lienzo donde cada pincelada traza una imagen diferente. Para muchos, Dios es percibido como el arquitecto supremo, el maestro de obras que ha esculpido los contornos de nuestro mundo y que vigila silenciosamente nuestra existencia. Pero a lo largo de los siglos y las culturas, las matices en la representación divina se han multiplicado, creando un caleidoscopio de creencias e interpretaciones.

Imagina un vasto jardín, cada flor representando una faceta de Dios, cada color evocando una emoción diferente. En este jardín, algunos ven a Dios como un padre amoroso, un ser que envuelve el mundo en ternura y generosidad. Él es el suave susurro del viento en los árboles, el abrazo del océano en la orilla. Para otros, Dios es el guardián de la justicia, el juez imparcial que observa nuestras acciones con una rigurosidad inquebrantable. Él es la encarnación de la verdad, el árbitro definitivo de nuestras vidas.

La diversidad de concepciones de Dios refleja la riqueza de la experiencia humana. Cada perspectiva, cada creencia, es una ventana abierta al alma humana, una exploración de la relación íntima entre el individuo y lo divino. Es una sinfonía de voces, cada una aportando su propia melodía al conjunto.

En este mosaico de creencias, es crucial subrayar la importancia del respeto. Cada visión de Dios, por diferente que sea, es una expresión de la búsqueda de sentido de la humanidad. No hay una respuesta universal, no hay un rostro único para Dios. Al contrario, existe una multitud de caminos que nos conducen hacia la verdad.

Somos los jardineros de esta diversidad espiritual, responsables de cultivar la tolerancia y la comprensión. Debemos extender la mano con respeto y curiosidad hacia aquellos que ven a Dios desde otra perspectiva, aquellos que contemplan lo divino a través de un prisma diferente. En la diversidad reside la riqueza de nuestra experiencia espiritual, y es en el respeto mutuo donde cultivamos la armonía dentro de nuestra comunidad global.

Así, ya sea que percibamos a Dios como un océano infinito de amor o como un faro de justicia brillante en la noche, cada visión tiene su lugar en la gran pintura de la humanidad. Cada una contribuye a nuestra comprensión colectiva de lo divino, cada una ofrece una iluminación única en el camino de la fe. En esta coexistencia pacífica de creencias encontramos la sabiduría de la unidad, la aceptación de la diversidad y la celebración de nuestra búsqueda común de sentido. Es un viaje que trasciende el tiempo, un baile de creencias que enriquece nuestras almas, una sinfonía de perspectivas que canta la historia de nuestra humanidad.

Los múltiples rostros de Dios: Como hay una multitud de senderos que llevan a la majestuosa montaña sagrada, existe una diversidad infinita en la concepción de Dios. Cada uno de nosotros traza su propio camino hacia la comprensión de lo divino, guiado por estrellas internas que iluminan nuestro viaje espiritual. Para algunos, Dios se revela en las ramas de los árboles, en el canto de los pájaros, en la brisa suave que acaricia nuestro rostro. Para otros, la cara divina se dibuja en los ojos amorosos de un padre, en la mano extendida de un extraño en apuros, en el brillo de una estrella solitaria en el cielo nocturno. Y para algunos más, Dios se encuentra en las profundidades silenciosas de la meditación, en la comunión íntima del alma con lo sagrado.

Imagina un vasto lienzo, una pintura cósmica donde cada color, cada matiz, cada forma es una representación única de la divinidad. Cada perspectiva, cada visión, es una pieza esencial del rompecabezas espiritual de la humanidad. Somos los artistas de esta obra en constante evolución, añadiendo nuestros propios colores y

formas al lienzo colectivo de la fe.

En este mosaico de creencias, es esencial inculcar a los niños el respeto por las diversidades espirituales. Cada visión de Dios es una expresión auténtica de la búsqueda de sentido del alma humana, una chispa de luz en el laberinto de la fe. No hay una respuesta única, no hay un camino único para alcanzar lo divino. Al contrario, hay una infinidad de caminos, una miríada de descubrimientos en cada esquina.

Somos los guardianes de esta diversidad espiritual, responsables de cultivar la tolerancia y la aceptación. Debemos enseñar a los niños que la diversidad de creencias es una riqueza que nos enriquece a todos, un mosaico de perspectivas que celebra la complejidad del alma humana. La comprensión y el respeto por las creencias de los demás son las piedras angulares de la paz y la armonía en nuestro mundo.

Así, ya sea que veamos a Dios en el canto de los pájaros al amanecer, en la sonrisa de un desconocido en la calle, o en el silencio meditativo del alma, cada visión merece ser honrada. Cada camino espiritual es una expresión del amor, de la búsqueda de sentido, de la búsqueda de la verdad. Es un viaje que trasciende el tiempo, un baile de creencias que enriquece nuestras almas, una sinfonía de perspectivas que canta la historia de nuestra humanidad.

Fomentar la curiosidad y la independencia de pensamiento: En el

tierno cofre de la infancia, las preguntas florecen como brotes de curiosidad, buscando abrirse y descubrir el mundo que las rodea. Cuando hablamos del viaje espiritual del niño, somos testigos de esta profunda búsqueda de significado, de este inextinguible anhelo de comprensión.

Imagina a un niño, con los ojos desorbitados de fascinación, el corazón ligero como una pluma, lanzándose a la aventura del descubrimiento espiritual. Mira el mundo con una mirada pura, sin prejuicios ni límites, y se pregunta: "¿Quiénes somos? ¿De dónde venimos? ¿Adónde vamos?"

En estos momentos de cuestionamiento, el niño se vuelve hacia nosotros, los adultos, en busca de respuestas. Y nosotros, como guías bondadosos, tenemos la sagrada responsabilidad de animarlo a hacer preguntas, a explorar, a buscar su propia verdad.

El viaje espiritual es como un mapa del tesoro sin líneas directrices predefinidas. Cada niño es un explorador único, trazando su propio camino a través del denso bosque de la fe. Nuestra tarea es proporcionarle las herramientas necesarias, las brújulas de la curiosidad, las linternas del conocimiento, para que pueda abrirse camino en este mundo misterioso.

Nunca debemos imponer nuestras creencias al niño, como una carga que llevar. Al contrario, debemos ofrecerle la libertad de elegir su propio camino, de moldear su propia comprensión de lo divino. Es un delicado baile entre la enseñanza y la autonomía, entre la orientación y el descubrimiento personal.

En esta aventura, cada niño descubrirá su propia verdad, su propia conexión espiritual. Algunos pueden encontrar paz en la oración, otros en la meditación, otros en la contemplación silenciosa de la naturaleza. Cada uno de estos caminos es un reflejo único del alma del niño, una estrella en el firmamento de la espiritualidad.

Somos los jardineros de esta búsqueda espiritual, responsables de cultivar el amor, la tolerancia y el respeto. Creamos un espacio donde el niño puede explorar su propia relación con lo divino, donde puede forjar su propio vínculo sagrado con el misterio de la vida.

Así, ofrecemos al niño el tesoro más preciado: la libertad de descubrimiento, la llave de su propia espiritualidad. Le enseñamos el valor de la búsqueda personal, la belleza de la diversidad espiritual, la fuerza de la fe auténtica.

El viaje espiritual del niño es un viaje sin fin, una aventura que evoluciona y crece con él. Y nosotros, como guías, estamos ahí para acompañarlo con amor y respeto, para animarlo a seguir su propio camino, a explorar las profundidades de su alma, a abrazar el misterio de lo divino. Es un viaje que trasciende el tiempo, un baile de descubrimiento que enciende el alma, una sinfonía de

espiritualidad que canta la melodía de la vida.

Dios, un misterio más allá del entendimiento: La noción de Dios es un océano infinito de misterios, un enigma que desafía nuestra limitada comprensión humana. Es un viaje eterno, un viaje hacia lo desconocido, un viaje cuyo destino final permanece envuelto en velos de misterio. En esta búsqueda, es vital recordarle al niño que lo incomprensible es una parte integral de nuestra exploración espiritual.

Imagina a un niño, con los ojos brillantes de curiosidad, lanzándose al torbellino de la comprensión divina. Busca entender, captar el concepto de Dios, pero se encuentra con preguntas interminables, respuestas evasivas, perspectivas múltiples. Es como si el universo le revelara un secreto bien guardado, un enigma complejo que se escapa a su alcance.

En esta aventura espiritual, nosotros, los guías benevolentes, desempeñamos un papel crucial. Nuestra tarea no consiste en imponer doctrinas rígidas al niño, sino en acompañarlo en su propio camino espiritual. Debemos brindarle el valioso don de la exploración, el poder de dudar, la libertad de buscar y, finalmente, la oportunidad de encontrar su propia verdad.

El viaje espiritual del niño es como un mapa del tesoro con caminos sinuosos. Cada paso es un descubrimiento, cada pregunta es una estrella en el cielo de su comprensión. Debemos ser los faros que iluminan su camino oscuro, las brújulas que lo guían a través de las aguas turbulentas de la fe.

La paciencia es nuestra aliada más preciada en esta búsqueda. Debemos responder a las preguntas del niño con dulzura, con amor, incluso si nosotros mismos, como adultos, a veces nos sentimos desconcertados por las mismas preguntas. Es un viaje de corazón a corazón, un intercambio de almas, una danza de comprensión mutua.

Y, sobre todo, debemos enseñar al niño la belleza del misterio, la magia de lo inexplicado, la poesía de lo incomprensible. Porque en el misterio reside la verdadera esplendor de la fe, es en la aceptación de lo desconocido que encontramos la paz. El viaje no es solo una búsqueda de respuestas, sino también una celebración de la búsqueda misma.

Así que guiamos al niño en el camino hacia la comprensión divina, pero lo hacemos con humildad, con respeto por su propia búsqueda, con amor por su propio viaje. Es una sinfonía de descubrimientos, una danza de almas en busca de significado, una poesía de la exploración espiritual.

Y al final, cuando el niño descubra su propia verdad, cuando su comprensión de lo divino brille como una estrella en el firmamento de su alma, sabrá que el viaje es el destino, que el misterio es la revelación, que el amor es la guía última en la búsqueda eterna de Dios.

La atención psicológica de los niños en duelo

La vida, esta compleja y encantadora melodía, a veces nos enfrenta a su faceta más oscura: la muerte. En esta sinfonía, los niños, estas almas inocentes y curiosas, no quedan a salvo del doloroso misterio de la pérdida. ¿Cómo podemos, como adultos, guiarlos a través de esta insondable prueba y ayudarles a reparar las alas rotas de su alma?

La comprensión de la muerte es un viaje complicado, un camino sinuoso lleno de emociones tumultuosas. Cada niño es una estrella única en este firmamento de experiencias, llevando su carga de tristeza de manera singular. Nuestro deber es acompañarlos en este tortuoso camino, extender una mano amorosa para guiarlos a través de la oscuridad.

La escucha activa, ahí reside un tesoro valioso que podemos ofrecer a estos jóvenes corazones en duelo. Es el arte de prestar una oreja atenta a sus palabras, a sus silencios, a sus suspiros. Es permitirles expresarse sin temor al juicio, depositar su dolor a nuestros pies como pétalos cayendo de una flor triste. Cada niño tiene su propia melodía de dolor, y es nuestro deber escucharla, validar sus emociones, sin importar sus matices.

La comunicación es la piedra angular de esta relación. Las palabras, esos valiosos mensajeros del alma, deben ser elegidas con infinita ternura. La honestidad, como una estrella brillante en el cielo oscuro del duelo, debe guiar nuestro diálogo. Los conceptos complejos deben ser desmitificados, las etapas del duelo explicadas con suavidad. Una comunicación abierta, impregnada de verdad, establece un puente de confianza sobre el cual el niño puede caminar con seguridad.

Pero la curación no se reduce a las palabras. Es una danza emocional, un ballet del alma. Brindar a los niños herramientas para expresar su dolor es un paso crucial en el camino hacia la reparación. El dibujo, la pintura, la escritura, la música, todas estas formas de expresión creativa son como alas para sus mentes, permitiéndoles elevarse por encima de los abismos del pesar.

También hay faros en la noche del dolor, profesionales de la salud mental que pueden arrojar luz en la oscuridad. La terapia grupal, la terapia familiar, la terapia de arte, la terapia conductual, son caminos que pueden iluminar el camino del niño en duelo. Estos guías experimentados son como estrellas en el cielo nocturno, ofreciendo su orientación benevolente.

Pero no olvidemos que el bienestar físico está intrínsecamente relacionado con la curación mental y emocional. Un entorno seguro, cómodo y estable es el cimiento sobre el cual el niño puede descansar. Las necesidades básicas como el sueño, la alimentación y el ejercicio deben ser respetadas, ya que tienen un impacto directo en cómo el niño maneja su duelo. Al cuidar de su cuerpo, también cuidamos de su mente.

Cada niño es una isla, una tierra con su propia topografía emocional, sus propias reacciones, sus propias necesidades. El acompañamiento debe ser individualizado, adaptado a cada individuo. A veces es necesario recurrir a un profesional de la salud mental, un experto que puede brindar valiosos consejos para apoyar al niño en su viaje de curación.

La muerte es un rito de paso universal, una prueba que todos debemos enfrentar en algún momento. Sin embargo, se vive de manera única para cada uno de nosotros. Acompañar a un niño en su duelo es un acto de profundo amor, una ofrenda que puede ayudar a transformar el dolor en curación, la tristeza en una comprensión más profunda de la riqueza y fragilidad de la vida.

Y al final de este viaje a través de la oscuridad, cuando el niño emerge, sabe que la vida continúa, que los recuerdos son estrellas que brillan eternamente en el cielo de la memoria y que el amor, este faro poderoso, guía nuestros corazones incluso en las noches más oscuras.

Escucha activa: La escucha activa, este valioso tesoro de la compasión humana, se revela como una clave esencial en el apoyo a los niños en duelo. Es un acto de amor silencioso, una presencia compasiva que ofrece al niño un refugio de seguridad emocional.

En esta vasta sinfonía de la vida, cada nota de dolor, cada armonía de tristeza debe encontrar su eco. La escucha activa implica prestar atención a estas melodías de tristeza, abrir el corazón para recibir las lágrimas silenciosas y los gritos de desesperación. Cada niño es una estrella única en el firmamento de las emociones, y su singularidad debe ser respetada.

El acto de escuchar se convierte en un portal hacia el interior del niño, una invitación a explorar el paisaje complejo de sus emociones. Es un testigo silencioso del dolor, dispuesto a ofrecer la comodidad de su presencia sin juicio. Es en estos momentos de intimidad emocional que el niño puede encontrar un camino hacia la tranquilidad de su pena.

La escucha activa también implica reconocer la validez de cada emoción. Ya sea que estos sentimientos estén teñidos de enojo, tristeza, confusión o miedo, son las estrellas que guían al niño a través de la oscura noche del duelo. Las emociones son los colores de su lienzo interno, y deben ser aceptadas incondicionalmente.

Cada niño es un poeta del dolor, un compositor de melodías tristes. La escucha activa le ofrece un escenario donde puede interpretar sus piezas más oscuras, donde puede exponer su alma desnuda sin temor al juicio.

Es en esta intimidad compartida que el niño puede comenzar a darle sentido a su dolor, a tejer los hilos rotos de su corazón en un patrón de curación.

La escucha activa trasciende las palabras, es una danza silenciosa del alma. Comunica el amor y la comprensión mucho más allá de lo que se puede expresar verbalmente. En el silencio compasivo, el niño encuentra un refugio, un espacio donde puede ser simplemente él mismo, con todas sus sutilezas, sombras y luces.

La vida nos enseña que la escucha activa es un acto de amor profundo, una forma de decirle al niño en duelo: "Estoy aquí para ti. Tu dolor es mío y lo atravesaremos juntos". Es una ofrenda silenciosa que ilumina el oscuro camino del duelo, un hombro en el que el niño puede apoyarse cuando las lágrimas amenazan con abrumarlo.

La escucha activa es una melodía de amor, una sinfonía de comprensión. Es el regalo más preciado que podemos ofrecer a un niño en duelo, una presencia amorosa que lo acompañará en todo su viaje de curación. Cada silencio compartido, cada mirada comprensiva, cada gesto de atención son notas suaves en esta sinfonía del alma que nos conecta a todos.

Comunicación: En esta vasta tela de la vida, la comunicación se alza como un pilar sólido, un puente hacia la comprensión y la curación para los niños en duelo. La honestidad se convierte en la

brújula que los guía a través de los oscuros laberintos de su dolor. Las palabras, estos valiosos mensajeros de la verdad, son luces en la oscuridad del duelo. Deben ser elegidas con cuidado, adaptadas a la edad del niño, pero impregnadas de la sinceridad más profunda. El niño en duelo busca respuestas, explicaciones para dar sentido a esta desconcertante realidad que es la muerte. Es nuestro deber ofrecer estas respuestas con compasión y claridad.

La comunicación abierta se convierte en un salvavidas, un refugio en la tormenta de la incertidumbre. El niño debe saber que puede hacer preguntas, expresar sus preocupaciones y que recibirá respuestas honestas. Esta confianza en la comunicación es la clave que abre la puerta a la expresión de las emociones, a la liberación del dolor.

El proceso de duelo es una montaña que el niño debe escalar, con senderos sinuosos y picos escarpados. La comunicación se convierte en el guía que le muestra el camino, que le explica las etapas de su viaje. Cuando un niño entiende lo que está sucediendo dentro de él, puede navegar mejor por las vueltas y revueltas de su dolor.

Los conceptos complejos de la muerte y el duelo deben ser desglosados con suavidad, como acertijos a resolver. Cada niño tiene su propia comprensión, su propia forma de ver el mundo, y es esencial respetar esas percepciones individuales. La verdad debe ser entregada con infinita ternura, para no asustar al niño, sino para ayudarlo a avanzar.

La comunicación se convierte en el hilo que teje la confianza entre el niño y el adulto. Esta confianza se convierte en la base sólida sobre la cual el niño puede construir su comprensión del mundo y de la muerte. Él sabe que puede recurrir al adulto en caso de duda, que puede encontrar refugio en las palabras sinceras y amorosas.

La comunicación también se convierte en una poderosa herramienta para la expresión de las emociones. Cuando el niño puede poner palabras a su dolor, a su enojo, a su tristeza, comienza a dar forma a sus sentimientos. Las palabras se convierten en un medio de liberación emocional.

La comunicación abierta, llena de respeto y honestidad, se convierte en el vínculo que une al niño en duelo con quienes lo rodean. Es un puente que conecta los corazones, que permite al niño sentirse comprendido y apoyado en su viaje de curación. Las palabras se convierten en caricias para el alma, abrazos para el corazón.

En esta sinfonía de la vida, la comunicación se convierte en una melodía suave, una canción de amor que guía al niño a través de los remolinos del duelo. Cada palabra es una nota de compasión, cada frase es una declaración de amor. A través de esta comunicación amorosa y honesta, el niño encuentra un refugio en el cual puede encontrar paz en medio de la tormenta de su dolor.

Atención a las necesidades físicas: El dolor de la pérdida, sentido por un niño en duelo, es una montaña que escalar, una prueba que pone a prueba la resiliencia del alma. Sin embargo, más allá del dolor, existe un camino hacia la curación, un camino que tiene en cuenta las necesidades físicas del niño.

El bienestar físico es un pilar esencial de la curación. Imagina a un niño como un frágil brote de primavera, vulnerable ante la tormenta del duelo. Para que pueda florecer nuevamente, es necesario asegurarse de que tenga un entorno seguro y estable. La seguridad es un ancla que lo mantiene a flote en las aguas tumultuosas del dolor.

El sueño, como un bálsamo para el alma, permite al niño recargar sus fuerzas. Durante la noche, cuando las sombras del dolor pueden parecer abrumadoras, el sueño se convierte en un refugio. Trae paz, calma y la posibilidad de soñar con días mejores.

La alimentación, como una fuente de vitalidad, nutre al niño en duelo. Le proporciona la fuerza necesaria para enfrentar los desafíos del duelo, para sanar su cuerpo y su mente. La alimentación se convierte en un símbolo de vida, una afirmación de la resiliencia del alma.

El ejercicio físico, como un aliento vigorizante, permite al niño liberar las emociones atrapadas, aliviar las tensiones del duelo. Se convierte en una forma de manejar el dolor, encontrar un equilibrio emocional y redescubrir la alegría en el movimiento.

Cada niño es una isla, única en su topografía emocional. Las necesidades físicas varían de un niño a otro, y la atención debe adaptarse a cada individuo. Los profesionales de la salud mental, como brújulas en la tormenta, pueden ofrecer valiosos consejos para apoyar al niño en su camino hacia la curación.

La muerte, este rito de paso universal, es experimentada de manera única por cada uno de nosotros. Acompañar a un niño en su duelo es un acto de amor profundo, una mano tendida hacia la curación. Es un viaje que transforma el dolor en resiliencia, la pena en una comprensión más profunda de la fragilidad y la belleza de la vida.

En el corazón de esta historia, encontramos a un niño en duelo, un alma frágil que busca la luz en la oscuridad. Y en esta búsqueda, descubrimos que la curación no es solo un viaje de la mente y el corazón, sino también del cuerpo. Cada necesidad física llena un vacío, alivia un dolor, restaura un fragmento de la vitalidad perdida.

Así que recordemos siempre que detrás de cada niño en duelo se esconde un tesoro de esperanza. Permitamos que el sueño sea un refugio, la alimentación una fuente de vida, el ejercicio físico una liberación, y la curación un camino hacia la comprensión y la aceptación. En este viaje, el niño encuentra la fuerza para renacer, florecer de nuevo, como un brote de primavera después del invierno del dolor.

De esta manera, acompañamos a estas jóvenes almas en su camino hacia la curación, con amor, compasión y la seguridad de que incluso en la oscuridad del dolor, existe un camino hacia la luz.

Manejo de un niño que ha perdido a su hermano gemelo

En el intrincado laberinto de la vida, existen pruebas que desafían nuestra comprensión, dolores que pueden desgarrar el alma de un niño. La pérdida de un hermano gemelo es una de esas pruebas, una pena profundamente desgarradora que puede dejar a un niño perdido en la oscuridad del dolor. Los gemelos comparten un vínculo único e inquebrantable, un lazo tejido en el vientre de su madre, un lazo que trasciende el tiempo y el espacio. Frente a esta pérdida, ¿cómo podemos guiar a un niño a través de las tinieblas, a través del tumulto de las emociones, hacia la luz de la curación? Aquí hay algunos consejos llenos de amor y compasión.

En primer lugar, es esencial crear un espacio seguro para el niño, un refugio en el que pueda expresar libremente su dolor, su enojo, su tristeza, sin juicio ni expectativas. La pérdida de un hermano gemelo es una herida profunda, un vacío desgarrador que debe ser honrado y respetado. El niño debe saber que tiene derecho a llorar, gritar y sentir toda la gama compleja de emociones que acompañan al duelo.

La escucha activa es una brújula esencial en este viaje. Debemos prestar una atención cuidadosa a las palabras y los silencios del niño. Debemos escuchar cuando hable de su hermano fallecido, cuando comparta sus recuerdos, sus miedos y sus preguntas. La escucha activa permite que el niño se sienta escuchado, comprendido y amado en su dolor.

La comunicación, llena de delicadeza, es un pilar esencial. El niño necesita comprender la realidad de la pérdida, hacer preguntas y recibir respuestas sinceras y adecuadas para su edad. Debemos explicar con suavidad lo que sucedió con su hermano gemelo, utilizando palabras simples y comprensibles. La verdad, aunque dolorosa, es un remedio más poderoso que la mentira.

El apoyo terapéutico puede ser un faro en la tormenta. Un profesional de la salud mental experimentado puede ayudar al niño a navegar por las olas tumultuosas del dolor, a comprender y aceptar sus emociones, y a encontrar formas saludables de manejar su pena. La terapia se convierte en un salvavidas, ofreciendo un espacio seguro para explorar el dolor y la curación.

La memoria es un tesoro que debe preservarse. Animemos al niño a hablar de su hermano gemelo, a compartir recuerdos, a crear rituales conmemorativos. Estos momentos de conexión con el pasado pueden brindar consuelo profundo y ayudar al niño a mantener el vínculo con su hermano fallecido.

Por último, recuerden siempre que la curación es un viaje único para cada niño. No hay un camino predefinido, ni un calendario impuesto. El dolor puede surgir en cualquier momento, incluso años después de la pérdida. Estén allí, con amor y compasión, para acompañar al niño a través de todos los altibajos de su viaje de duelo.

En esta historia de dolor y curación, encontramos a un niño, un corazón roto, pero también un rayo de esperanza. En el calor del amor y el apoyo, en la escucha y la comunicación, en los recuerdos y la terapia, el niño encuentra la fuerza para atravesar la tormenta, para navegar por las olas del dolor y descubrir que incluso en la oscuridad del duelo, hay una luz de curación. Así es como guiamos a un niño a través de la pérdida de su hermano gemelo, con ternura, empatía y la certeza de que el amor trasciende incluso la muerte.

Escucha Activa: Al igual que un río, las palabras de un niño que habla de su dolor necesitan fluir libremente. Una escucha activa, sin juicio ni interrupción, puede ser un salvavidas para un niño en duelo. Brindar al niño un espacio donde pueda compartir su dolor, mientras se validan sus sentimientos, puede crear un sentimiento de seguridad y apoyo.

Comunicación Clara: La honestidad y la claridad son esenciales en el diálogo con un niño en duelo. Explicarle lo que sucedió con palabras adecuadas para su edad y proporcionarle información sobre los próximos pasos puede ayudar a calmar su ansiedad. Esta transparencia fortalece la confianza y crea un entorno seguro para que el niño exprese sus sentimientos.

Apoyo Emocional: Ayudar al niño a navegar por las aguas turbulentas de sus emociones es una parte crucial del proceso de curación. Esto puede incluir actividades creativas como el dibujo o la pintura, que permiten al niño expresar sus sentimientos de manera no verbal. Las reuniones de apoyo, donde el niño puede compartir su experiencia con otros que están pasando por pruebas similares, también pueden ser beneficiosas.

Apoyo Terapéutico: Dependiendo del niño y de sus necesidades, puede ser útil una intervención terapéutica. Ya sea terapia individual o en grupo, la orientación de un terapeuta experimentado puede ayudar al niño a navegar por la complejidad del duelo y encontrar estrategias para manejar su dolor.

Atención a las Necesidades Físicas: El bienestar físico del niño está intrínsecamente relacionado con su bienestar emocional. Es importante asegurarse de que el niño tenga un entorno seguro, estable y cómodo. Además, garantizar que el niño duerma lo suficiente, tenga una nutrición adecuada y oportunidades para el ejercicio puede ayudar a mantener el equilibrio en su vida durante este período difícil.

Es crucial recordar que cada niño es una entidad única y reacciona de manera diferente ante la pérdida. El apoyo debe adaptarse según la edad del niño, su relación con su hermano gemelo y su capacidad para comprender y manejar la pérdida. Cuando haya dudas, consultar a un profesional de la salud mental puede ser útil para obtener orientación específica. También es esencial seguir apoyando al niño en sus relaciones con otros miembros de la familia y amigos, ya que el duelo puede tener un efecto en cascada que afecta a todos de manera diferente.

En esta prueba, el regalo más valioso que pueden ofrecer al niño es su amor incondicional y su presencia atenta. Ayudémoslo a recordar a su hermano gemelo con amor y ternura, al mismo tiempo que le brindamos un espacio para llorar, sanar y crecer.

Estudios de caso

En un lugar olvidado, abrazado por dos majestuosas montañas, vivía una humilde familia. En el seno de este hogar, dos almas gemelas se reflejaban en las miradas curiosas de los aldeanos: dos hermanos gemelos. Sus rasgos eran tan idénticos que solo su familia más cercana y algunos amigos podían distinguirlos. Siempre abrazados en la espiral de su compañía mutua, estaban unidos como dos gotas de agua en un océano. Sin embargo, su

destino tomó un giro trágico.

Un día, guiado por razones que solo él conocía, uno de ellos decidió escalar un poste eléctrico de media tensión. Al alcanzar la cima, desafió el peligro al tocar los cables deliberadamente. La electricidad estalló, convirtiéndolo en una estrella fugaz y efímera, ante la mirada horrorizada de su gemelo. La luz de su alma se apagó tan bruscamente como había brillado.

Un año después, una réplica triste de este evento se desarrolló. El hermano sobreviviente, impulsado por una compulsión desconocida, escaló el mismo poste, en el mismo día, el mismo mes y a la misma hora. Como si el destino buscara reescribir el trágico guion, encontró el mismo destino que su hermano.

Esta historia es una melodía triste sobre el duelo y la pérdida. Destaca el extraño misterio de la naturaleza humana, su atracción por el peligro y la insondable tristeza que puede causar la pérdida de un ser querido. Las preguntas abundan: ¿por qué uno de los gemelos eligió enfrentar el peligro? ¿Por qué su hermano siguió el mismo camino trágico?

En el campo de la psicología, nos referimos a este fenómeno como "duelo replicativo" o "duelo suicida". Es una reacción profundamente emocional a la pérdida, a menudo acompañada por un deseo de unión con el alma perdida. Las personas bajo la influencia de este duelo replicativo se ven arrastradas en una espiral de desesperación y dolor tan intensos que buscan unirse a la persona perdida.

Sin embargo, es esencial entender que tales comportamientos son raros y generalmente son el resultado de una compleja combinación de factores, como trastornos mentales preexistentes o traumas no resueltos. De ninguna manera es una respuesta "normal" o "esperada" al duelo.

La prevención del duelo replicativo radica en una atención eficaz y adaptada a las personas en duelo. Es imperativo apoyar a estas almas afligidas para que puedan atravesar su duelo de manera positiva. Es importante ayudarles a desarrollar estrategias efectivas de resiliencia para enfrentar el dolor, el sufrimiento y la confusión. De esta manera, podrán comenzar a sanar, comprender y aceptar su pérdida sin perderse en el camino.

En el corazón de esta trágica historia, hay un llamado poderoso a la compasión y la comprensión. Existe una necesidad urgente de apoyo para las personas en duelo, especialmente para los niños y adolescentes. Cada acto de amor, cada palabra de consuelo, cada momento de presencia puede contribuir a iluminar su camino hacia la curación. Juntos, podemos ayudar a transformar su dolor en fortaleza, su tristeza en resiliencia y su duelo en un proceso de curación.

El duelo replicativo

En la oscuridad del alma, existe un viaje doloroso, un viaje llamado el duelo replicativo, o de manera más siniestra, el duelo suicida. Es un periplo inquietante a través de las aguas turbulentas de la pérdida, un viaje que a menudo comienza después del devastador impacto de la desaparición trágica e inesperada de un ser querido, ya sea un hijo, un compañero o un gemelo. Estas olas de intensa tristeza se desatan en la conciencia de los sobrevivientes, empujándolos a seguir el mismo camino que su ser querido fallecido.

Este viaje oscuro y tormentoso a menudo comienza con un choque, un evento que sacude los cimientos de la existencia. La pérdida de un ser querido, especialmente un gemelo, crea una brecha profunda en el tejido de la realidad. Los sobrevivientes se sumergen en un abismo de dolor, confusión y desesperación, luchando por darle sentido a su propia existencia ahora alterada.

El duelo replicativo es un viaje interno hacia las profundidades del dolor y la soledad. Los sobrevivientes a menudo se sienten perdidos, desconectados del mundo que los rodea, como si una parte de ellos mismos hubiera sido arrancada. El dolor es tan intenso que parece insuperable, y la tentación de unirse a su ser querido en la muerte se vuelve irresistible.

En esta oscuridad, la importancia del apoyo se vuelve vital.

Los sobrevivientes del duelo replicativo necesitan un hombro en el que llorar, un oído atento para escuchar sus pensamientos más oscuros, una mano amorosa para guiarlos fuera de las tinieblas. La empatía, la compasión y el amor incondicional son los faros que pueden iluminar su tortuoso camino.

La terapia a menudo se convierte en un refugio para los sobrevivientes, un lugar donde pueden depositar la carga de su dolor y comenzar a explorar las raíces de su desesperación. Un terapeuta experimentado puede ayudar a desentrañar los hilos complejos del dolor y encontrar formas de superarlo. La terapia puede arrojar luz en la oscuridad, una chispa de esperanza en medio de la desesperación.

El duelo replicativo es un viaje difícil, un viaje a través de las sombras del alma. Pero es importante recordar que incluso en los momentos más oscuros, hay esperanza de curación. Con apoyo, comprensión y terapia, los sobrevivientes pueden encontrar su camino hacia la luz, tal vez nunca completamente indemnes, pero con la capacidad de vivir y amar de nuevo.

Este viaje inquietante del alma, el duelo replicativo, nos recuerda la fragilidad de la vida y la profundidad del amor. Nos recuerda que incluso cuando nos enfrentamos a las tinieblas más profundas, la luz de la esperanza puede brillar, y que la curación es posible, incluso cuando el camino es difícil y tortuoso. Es un viaje que nos recuerda la fuerza del espíritu humano y la resiliencia del alma.

Varios factores se entrelazan para crear esta compleja trama del duelo replicativo:

1. Las enfermedades mentales preexistentes, como la depresión y la ansiedad, pueden arrojar sombras sobre la realidad de las personas en duelo, aumentando su susceptibilidad a comportamientos suicidas.

2. Los traumas no resueltos, ya sean recuerdos de actos violentos o pérdidas pasadas, pueden crear una fragilidad interna que hace que las personas sean más vulnerables a la idea del suicidio.

3. La falta de apoyo social y emocional crea un vacío, una soledad desgarradora que puede sumir a las personas en un desespero

más profundo después de una pérdida.

4. La falta de estrategias efectivas para manejar el dolor puede dejar a las personas desamparadas frente a su sufrimiento, lo que las lleva a buscar la reunión con su ser querido perdido.

Es útil entender que el duelo replicativo es un fenómeno raro. La mayoría de las personas en duelo, con el paso del tiempo y el apoyo adecuado, son capaces de encontrar un camino a través de su dolor y convertirlo en una fuerza de resiliencia. Sin embargo, para aquellos que son más vulnerables a la influencia del duelo

replicativo, debemos ser vigilantes y brindar asistencia adecuada. Se trata de ayudarlos a navegar su duelo de manera positiva, proporcionarles herramientas para lidiar con su dolor y guiarlos hacia la luz de la esperanza. Al ofrecerles un espacio seguro para expresar sus sentimientos, escucharlos con empatía y proporcionarles recursos de apoyo psicológico, podemos ayudarles a forjar su propia armadura de resiliencia.

Más allá de las tinieblas del duelo replicativo, hay una luz: la luz de la comprensión, la compasión y el amor. Es nuestro deber como comunidad ofrecer esta luz a aquellos que están perdidos en el túnel del duelo. Con el apoyo adecuado, pueden encontrar su camino hacia la curación y recuperar la alegría y la paz. Nunca pierdan la esperanza, porque incluso en los momentos más oscuros, siempre hay una luz esperando por ustedes.

Estrategia de adaptación

En el vasto océano de la vida, la estrategia de adaptación es como una valiosa balsa, nuestro fiel compañero cuando enfrentamos las turbulentas olas del estrés y los desafíos. Permítanme guiarlos a través de esta exploración, donde la emoción y la tarea se encuentran para formar enfoques únicos de supervivencia.

Primero, sumerjámonos en el reino de las estrategias de adaptación centradas en la emoción. Estos métodos son como las suaves alas del ángel de la compasión que acuden en nuestra ayuda cuando nuestras emociones amenazan con abrumarnos. El primer ala de estas estrategias es la expresión emocional. Hablar de nuestros sentimientos con otros, escribir en un diario o simplemente llorar cuando la tristeza nos invade son formas de expresar y liberar lo que arde en nuestro interior.

El siguiente ala es la búsqueda de apoyo social. Cuando nos sentimos abrumados por la soledad o el dolor, buscar consuelo entre nuestros seres queridos, amigos o incluso profesionales puede ser un salvavidas valioso. Nos recuerdan que no estamos solos en esta aventura.

Ahora, cambiemos el rumbo hacia las estrategias de adaptación centradas en la tarea. Estos enfoques son como los remos de una sólida balsa que nos ayudan a navegar activamente a través de los desafíos. El primer remo es la resolución de problemas. Cuando enfrentamos una dificultad, analizar la situación, buscar soluciones y tomar medidas concretas puede brindarnos un sentido de control y poder sobre nuestro propio destino.

El siguiente remo es la planificación. Crear un plan de acción, establecer objetivos alcanzables y organizar nuestro camino a través de las pruebas puede darnos una dirección a seguir, una luz en la oscuridad.

Sin embargo, la navegación a través de las aguas turbulentas de la vida no se limita a una sola de estas categorías. Los seres humanos son complejos y nuestras vidas a menudo están tejidas con una variedad de situaciones estresantes. Por lo tanto, es importante saber qué estrategias de adaptación son más apropiadas en cada contexto.

Un marinero experimentado no confía en una sola técnica para enfrentar todas las tormentas. Ajusta su vela, maneja su timón y elige los mejores métodos según las condiciones cambiantes. De la misma manera, debemos estar preparados para recurrir a nuestro arsenal de estrategias de adaptación, elegir sabiamente y ajustar nuestro rumbo cuando sea necesario.

En última instancia, la estrategia de adaptación es el hilo que conecta nuestra balsa con la realidad. Es nuestro medio para resistir los embates del estrés y la presión, para mantener la cabeza alta cuando las olas amenazan con tragarnos. Es un arte para dominar, una danza entre las emociones y las acciones, una sinfonía en la que somos tanto directores de orquesta como músicos.

Ya sea expresando nuestras emociones o resolviendo problemas, buscando el apoyo de nuestros seres queridos o elaborando planes, navegamos juntos en la balsa de la vida, apoyándonos mutuamente, compartiendo nuestro conocimiento y experiencias para que cada uno pueda llegar a la otra orilla, más sabio y más fuerte. Porque es en estas aguas turbulentas donde encontramos nuestra verdadera fortaleza, nuestra resiliencia y nuestra capacidad para enfrentar todo lo que la vida pueda depararnos.

En medio de la tormenta, descubrimos un arsenal de estrategias de adaptación, estos valiosos tónicos para la mente y herramientas para la resolución de problemas. Imaginen un mundo en el que son los guardianes de su propio jardín interior, eligiendo cuidadosamente qué flores cultivar, qué hierbas regar y qué malas hierbas arrancar.

Las estrategias de adaptación centradas en la emoción son como estos calmantes tónicos, diseñados para reducir las emociones negativas que surgen en tiempos de estrés. En este universo, toman conscientemente la decisión de no alimentar al lobo del miedo y la ansiedad, sino de asegurarse de alimentar al lobo del amor y la paz. Se sumergen en estos tónicos mágicos que les brindan consuelo y serenidad, como un baño caliente que calma su mente turbulenta o una meditación que los conecta con la tranquilidad interior.

Por otro lado, las estrategias de adaptación centradas en la tarea son como herramientas afiladas en su caja de herramientas de resolución de problemas. Están diseñadas para transformar el denso bosque de la incertidumbre en un camino despejado hacia la claridad. Imagínense en el corazón de ese bosque, equipados con una brújula para guiarlos y un hacha para eliminar los obstáculos que se interponen en su camino.

Este arsenal de estrategias de adaptación es amplio y variado, ofreciendo un buffet de posibilidades para satisfacer sus cambiantes necesidades. Pueden elegir entre técnicas de relajación, como esos momentos divinos en un baño caliente que disipan el estrés o la meditación que los transporta a un estado de calma profunda. El pensamiento positivo, como un rayo de luz, puede atravesar las nubes oscuras que oscurecen su mente. La evitación, un ingenioso escape de situaciones estresantes. La resolución de problemas, una brújula que los guía a través del denso bosque de la incertidumbre. El apoyo social, un hombro amistoso en el que apoyarse. La aceptación, una llave que abre la puerta a la serenidad. El humor, una varita mágica que transforma el estrés en sonrisas.

En medio de este vasto bosque de opciones, ustedes son los jardineros, los navegantes, los artistas de su propio destino. Tienen el poder de elegir la estrategia que mejor les convenga según su estado de ánimo y su situación actual. Como un pintor frente a una paleta de colores, mezclan y combinan estas estrategias para crear su propia obra maestra de resiliencia.

El jardín secreto de la estrategia de adaptación es un lugar donde las emociones florecen en belleza, donde los desafíos se convierten en oportunidades y donde la sabiduría crece a través de la experiencia. Es un viaje interior que les revela su fuerza interna, su capacidad para superar la adversidad y florecer en la luz, incluso en medio de la tormenta.

Es imperativo entender que cada ser humano recurre a estrategias de adaptación únicas, moldeadas por la situación, la personalidad, la cultura y las experiencias individuales. Como los copos de nieve, ningún individuo enfrenta el estrés de la misma manera. En esta sinfonía de vidas únicas, cada uno interpreta su propia melodía frente a la adversidad.

Cada individuo es un cuadro viviente, pintando su propio camino a través de los paisajes del estrés y la adversidad. Su lienzo personal está tejido con colores y texturas únicas, reflejando sus experiencias pasadas, aspiraciones, sueños y cicatrices. Son los artistas de su propia existencia, creando su obra maestra en cada paso del camino.

Como intrépidos exploradores, se aventuran en busca de estas estrategias de adaptación, estas valiosas herramientas que les permiten navegar por los mares agitados de la vida. Son los capitanes de su propio barco, trazando su rumbo a través de las tormentas y las aguas tranquilas, mientras exploran los recursos de los que disponen.

Cada elección que hacen es una nota en su sinfonía personal, cada decisión es un pincelazo de color en su lienzo interior. Es un viaje de exploración y descubrimiento, una aventura en la que aprenden a conocerse mejor, a comprender sus propias reacciones y a cultivar la sabiduría necesaria para enfrentar los desafíos.

Entonces, sean amables consigo mismos en este viaje. Como un amigo de confianza, amable y comprensivo, acompáñense con amor y compasión. El camino puede estar lleno de obstáculos, pero también está pavimentado con momentos de belleza, crecimiento y logros.

Sepan que son únicos y valiosos, y que sus estrategias de adaptación son el resultado de su propia experiencia. No hay un modelo único a seguir, no hay una fórmula mágica. En cambio, abracen su singularidad y déjense guiar por su propia sabiduría interior.

En esta danza entre la sombra y la luz, entre los desafíos y los triunfos, esculpen su propio camino hacia la resiliencia. Cada paso adelante es una victoria, cada momento de comprensión es una joya de sabiduría. Así es como crecen, evolucionan y se convierten en la mejor versión de sí mismos. Y siempre recuerden, son sus propios directores de orquesta, dirigiendo la sinfonía de su vida con gracia y determinación.

Atención adaptada para un niño en riesgo replicativo

En el complejo jardín de la vida, cada niño es una flor única, con necesidades específicas y matices particulares. Frente a la posibilidad de un duelo replicativo, nuestro papel es convertirnos en jardineros compasivos de estas jóvenes almas. Como artesanos atentos, debemos esculpir una respuesta adaptada, en armonía con la melodía de sus vidas.

La primera nota de esta sinfonía de acompañamiento es el apoyo emocional. Al igual que una planta necesita agua y luz para crecer, un niño requiere un entorno emocional estable y cariñoso. Debemos ser el suelo fértil que nutre sus raíces frágiles, protegiéndolos de las tormentas emocionales que los rodean.

Las sesiones de asesoramiento individual o grupal son los rayos de sol que atraviesan las nubes oscuras del pesar. Ofrecen al niño un espacio seguro para explorar sus emociones, compartir sus miedos y esperanzas. Imagínenlas como burbujas de aire en las profundidades del océano del duelo, brindando un valioso momento de alivio.

Luego, está la crucial importancia de la comunicación. Al igual que las ramas de un árbol se extienden para alcanzar la luz, debemos abrir los canales de diálogo con el niño. La palabra es el vínculo que une los corazones, permitiendo al niño compartir sus pensamientos, preocupaciones y preciosos recuerdos de su ser querido fallecido.

Los servicios de asesoramiento y apoyo familiar son como las raíces de un árbol, anclando a la familia en la tierra fértil de la comprensión mutua. La familia, al igual que las ramas del árbol, debe expandirse y crecer juntas para crear un refugio seguro donde el niño pueda florecer.

Finalmente, no debemos olvidar la importancia de la educación y la concienciación. Al igual que una planta necesita conocer su entorno para crecer, el niño necesita comprender el duelo y el proceso de curación. Los programas educativos y los recursos adaptados a la edad del niño son los libros que enriquecen su mente, ayudándolo a comprender la compleja naturaleza de la vida y la muerte.

El entorno social y comunitario del niño es el sustrato que nutre su crecimiento. Es esencial que la escuela, los amigos y la comunidad estén al tanto de la situación y ofrezcan un apoyo continuo. Imagínenlos como los benevolentes rayos del sol que acarician la planta, ayudándola a crecer hacia la luz.

En resumen, cada niño es una flor única en el jardín de la vida. Nuestro deber es ser jardineros dedicados que cuiden de ellos, los rieguen con amor y comprensión, y los ayuden a crecer a pesar de los desafíos del duelo replicativo. En esta sinfonía de la vida, cada nota es importante, cada gesto de amor es una melodía que guía al niño hacia la curación y el crecimiento.

En el vasto jardín de la infancia, es crucial cultivar mucho más que simples conocimientos académicos. Debemos ofrecer a cada niño un rayo de sol, una luz de esperanza, para iluminar su camino a través de las sombras del dolor y el duelo.

En primer lugar, estos rayos de sol se materializan a través de actividades sociales y recreativas. Son como alas que ayudan al niño a volar hacia horizontes más ligeros. Estos momentos de alegría y diversión restauran la confianza del niño en sí mismo, le permiten saborear la dulzura de la vida a pesar de las adversidades.

Luego, está la necesidad de guiar al niño a través del laberinto de la muerte y la pérdida. Estas experiencias son como montañas que escalamos, océanos que cruzamos. Debemos ser sus guías compasivos, mostrarles cómo navegar estas aguas tumultuosas de emociones. Como un faro en la noche, debemos iluminar su camino, permitirles expresar sus sentimientos y encontrar la paz en medio de la tormenta.

La creación de recuerdos y momentos conmemorativos es otro aspecto esencial. Son como lienzos en los que el niño puede pintar los colores de su amor y sus recuerdos para el ser querido fallecido. Como un artista que moldea una obra de arte, el niño puede crear momentos preciosos que mantienen viva la conexión, a pesar de la distancia física.

Finalmente, es imperativo trabajar juntos, en armonía, como una sinfonía bien orquestada. La familia, los maestros, los profesionales de la comunidad, todos deben unir sus fuerzas para apoyar al niño. Como una colmena que construye su hogar con una precisión increíble, debemos colaborar para rodear al niño de cuidado y amor.

Así que, en este viaje a veces oscuro y caótico de la vida, debemos ser jardineros, guías, creadores de recuerdos y artesanos del apoyo. Cada niño es una estrella brillante en nuestro universo, y es nuestro deber asegurarnos de que brillen a pesar de las nubes oscuras que puedan oscurecer su cielo. Con amor, comprensión y una voluntad inquebrantable, podemos iluminar su camino y ayudarlos a florecer en la luz de la vida.

Estudios de caso

En la abundante literatura de psicología y psicoterapia, podemos encontrar numerosos casos que iluminan las experiencias de gemelos enfrentados al duelo. Me gustaría compartir con ustedes un estudio de caso, como una historia ilustrativa, publicado en una revista científica.

Conozcamos a los gemelos "A" y "B", quienes tuvieron que enfrentar la pérdida de su madre a la tierna edad de nueve años. Su padre, quien se vio profundamente afectado por la partida de su compañera de vida, tenía dificultades para cuidar de ellos. Poco después del fallecimiento de su madre, comenzaron a aparecer signos de problemas de comportamiento y dificultades académicas en los gemelos.

Cuando fueron presentados a un psicólogo, ambos expresaron su enojo y tristeza relacionados con la desaparición de su madre. "A" también reportó pesadillas recurrentes en las que presenciaba la muerte de su madre, mientras que "B" afirmaba no tener recuerdos de ella.

El psicólogo se embarcó en el viaje de curación de los gemelos. Para ayudar a "A" a calmar sus pesadillas y a "B" a recordar a su madre, utilizó técnicas de terapia cognitivo-conductual. Además, brindó apoyo al padre para ayudarlo a cuidar de sus hijos y ofrecerles el apoyo emocional necesario.

En las sesiones posteriores, los brotes de progreso comenzaron a emerger en los gemelos. "A" logró reducir la frecuencia de sus pesadillas, y "B" comenzó a recordar a su madre. Los problemas de comportamiento y académicos también comenzaron a desvanecerse. Incluso después de la finalización de la terapia, los gemelos continuaron beneficiándose de apoyo psicológico y mostraron un progreso significativo a largo plazo.

Este estudio de caso es un testimonio de cómo el apoyo psicológico adecuado puede ayudar a gemelos en duelo a superar los desafíos relacionados con la pérdida de un progenitor y encontrar un equilibrio en sus vidas.

La pérdida de un gemelo es como si el espejo del alma se quebrara, dejando atrás una reflexión incompleta. En este vínculo único tejido desde el nacimiento, los gemelos comparten todo, desde los primeros latidos del corazón hasta los secretos más profundos del alma. Cuando un gemelo se va de este mundo, el dolor que queda es profundo y complejo.

Es una pérdida que solo puede ser verdaderamente comprendida por aquellos que han vivido esta conexión especial. La otra mitad del todo, esa persona que conocía tus pensamientos antes de que los expresaras, se ha ido. El vacío es abrumador, la tristeza es insondable. Uno se siente como un árbol desarraigado, privado de sus raíces, flotando en la nada.

La culpa puede infiltrarse insidiosamente, como una sombra en la mente del gemelo sobreviviente. "¿Por qué no pude evitar que se fuera?" se preguntan. Es una pregunta que persigue sus pensamientos, una pregunta a la que es imposible responder. La realidad es que la vida es impredecible, la muerte es inevitable, incluso para los gemelos.

El camino hacia la curación es largo y sinuoso. Es importante que el gemelo sobreviviente esté rodeado de apoyo, comprensión y amor. Al igual que una planta que necesita cuidados constantes para volver a crecer después de haber sido quebrada, el gemelo necesita tiempo y atención para reconstruirse.

La pérdida de un gemelo es una experiencia que pocos realmente comprenderán. Es una herida invisible, una carga silenciosa. Pero con el tiempo, la compasión y el apoyo, el gemelo sobreviviente puede encontrar la fuerza para seguir adelante. Como una estrella solitaria en la noche, su luz continúa brillando, testificando el amor eterno que los une para siempre a su hermano o hermana desaparecido.

Cada niño es un universo en sí mismo, una estrella única en la vasta galaxia de la existencia. Por lo tanto, la pérdida de un gemelo, esa alma gemela con la que compartiste la cuna de la vida, afecta a cada niño de manera completamente singular. En esta sinfonía de reacciones, algunas notas son más oscuras que otras.

La investigación nos muestra un cuadro inquietante: la pérdida de un gemelo puede proyectar su sombra sobre la salud mental del gemelo sobreviviente. Los desafíos son numerosos, desde oleadas de depresión hasta tormentas de ansiedad, pasando por las profundidades de los trastornos alimentarios. La angustia del alma gemela ausente puede desencadenar tormentas internas.

Frente a esta melodía de sufrimiento, es imperativo tender la mano. El niño gemelo en duelo necesita un faro para guiar su barco en estas aguas tumultuosas del duelo. Es esencial crear un refugio de seguridad emocional, una isla donde las emociones puedan ser expresadas sin juicio ni restricción.

Las técnicas de afrontamiento, esas estrategias de adaptación ante el duelo, son tan variadas como las estrellas en el cielo nocturno. Cada niño, cada historia, es una estrella fugaz única, y los enfoques deben ser personalizados. Las terapias individuales y grupales son valiosas para permitir que estas almas jóvenes pongan palabras a sus males, encuentren un camino a través de las sombras de la pérdida y exploren caminos de luz para continuar su viaje.

Pero no olvidemos que los padres y seres queridos son los guías más preciosos en esta aventura. Su amor, su apoyo y su comprensión son como el viento que llena las velas del barco del niño. Son la brújula que indica la dirección, la luz que disipa la oscuridad.

Así que, en este ballet de lágrimas y recuerdos, cada niño es una estrella brillante en el firmamento de la vida. Y nuestro deber es acompañarlos, apoyarlos, ofrecerles el amor y la comprensión necesarios para que sigan brillando, incluso en la oscuridad de la pérdida. La sinfonía de la vida continúa, con sus notas suaves y sus dramáticos crescendos, y cada niño, incluso en la soledad de su dolor, sigue desempeñando su melodioso papel en esta gran composición.

El duelo, como un misterioso viaje a través de los recovecos del alma humana, revela su complejidad al tocar cada fibra de nuestro ser. Las emociones, el dolor, las preguntas, las interacciones sociales, los pensamientos e incluso la dimensión espiritual del individuo se moldean a través de esta experiencia trascendental. En estas páginas, he compartido historias conmovedoras que nos sumergen en los intrincados laberintos del duelo, ilustrando la diversidad de reacciones y necesidades que surgen en este viaje.

Así como cada ser es único, cada camino de duelo es singular. Las estrategias de adaptación, los mecanismos de supervivencia y las etapas del duelo varían de una persona a otra. Por lo tanto, debemos ofrecer un apoyo personalizado, una guía que refleje la realidad y las aspiraciones de cada individuo en duelo.

A pesar de las sombras que pueden parecer eternas, es vital comprender que el duelo no es un callejón sin salida. La luz, por débil que sea, sigue brillando en algún lugar del universo del corazón herido. Superar el dolor inicial, encontrar un significado en la vida y dar voz a la memoria de nuestros seres queridos son parte de este viaje de transformación. Las sombras del duelo pueden oscurecer el camino, pero no lo bloquean de manera permanente.

El tiempo es un aliado precioso en este viaje. Nos ofrece el espacio necesario para honrar nuestro dolor, tejer los hilos del recuerdo y aprender a vivir con el peso de la ausencia. La paciencia con uno mismo, una tolerancia suave hacia nuestras lágrimas y penas, son compañeros fieles en esta travesía por la oscuridad.

Así que, que cada uno de nosotros recuerde que el duelo es un viaje interior, único para cada alma, donde las emociones, el sufrimiento, la curación y, finalmente, la resiliencia, se entrelazan en un baile místico. En estas palabras, en estas historias, encontramos la esencia misma de la vida, una celebración de nuestra humanidad y nuestra capacidad para trascender los dolores más profundos para alcanzar la luz.

La duración del duelo

Navegar en el océano tumultuoso del duelo es un viaje personal y desgarrador, donde cada individuo traza su propio camino. En medio de esta tormenta emocional, aquí hay algunos faros que podrían guiarlo en la oscuridad de su pena:

1. Concédase el derecho de sentir sus emociones: El duelo es una danza compleja con el tiempo, un vals melancólico que invita a una multitud de emociones a participar en su baile. La tristeza, la ira, la frustración, la culpabilidad, todas estas emociones son socios legítimos en esta danza. Son las notas de su sinfonía de dolor, y es esencial darles la bienvenida, sentirlas plenamente, sin juicio ni restricción.

2. Hable de su ser querido desaparecido: Evoca su presencia en tu vida, comparte sus historias, sus recuerdos y las emociones que los acompañan con tu familia, tus amigos. Esta conexión verbal, esta comunión de recuerdos, puede tener un profundo efecto terapéutico. A través de las palabras, tejemos lazos invisibles con aquellos que hemos perdido, honramos su memoria y seguimos haciéndolos vivir en nuestros corazones.

3. Cuide de usted mismo, tanto física como emocionalmente: Al igual que un marinero cuida su barco para que pueda atravesar las tormentas, tómese el tiempo para descansar, comer saludablemente y hacer ejercicio. Su cuerpo es la nave que lo lleva a través de este viaje difícil y merece toda su atención y cuidado.

4. Sea paciente consigo mismo: El duelo no tiene un calendario, no tiene horarios que cumplir. Cada persona avanza a su propio ritmo, y es esencial permitirse la libertad de sentir, sanar y reconstruir su vida a su manera. La paciencia hacia uno mismo es un bálsamo calmante para el alma herida.

5. **Busque apoyo cuando sea necesario:** Como un navegante solitario que busca ayuda cuando las olas son demasiado altas, no dude en buscar el apoyo de profesionales de la salud mental, grupos de apoyo o consejeros espirituales. No está solo en este viaje y hay manos extendidas para ayudarlo a enfrentar los momentos más oscuros.

El duelo es un mar agitado, pero a través del dolor y el sufrimiento, también hay la promesa de una transformación. Es una prueba que puede llevarnos a descubrir una fuerza interior que no sospechábamos. Es una danza con las estrellas, donde nuestros seres queridos siguen brillando, incluso si ya no están físicamente a nuestro lado. Y es una invitación a valorar la vida, a celebrar el amor y a honrar la memoria de aquellos a quienes amamos y perdimos.

Cultive el amor propio con infinita ternura, porque el duelo es un viaje agotador que puede agotar hasta la más pequeña parte de su ser. Cuide su cuerpo como si fuera un preciado jardín, alimentándose adecuadamente, haciendo ejercicio regularmente y dándose el descanso que necesita. Haga de la autocuración una prioridad, porque usted es la fuente de su propio consuelo.

Participe en una actividad que lo renueve, que despierte esa chispa de vida en usted, esa llama suave que se niega a extinguirse. Puede ser un paseo solitario en la naturaleza, la meditación que calma el alma atormentada o la lectura que lo transporta a otros mundos. Encuentre lo que le permita reconectarse con la alegría, incluso si parece distante.

No tenga miedo de buscar ayuda profesional, porque no hay vergüenza en buscar respuestas en los momentos más oscuros. Un psicólogo, un consejero, pueden ofrecerle nuevas perspectivas, herramientas para atravesar esta tormenta emocional y un espacio para expresar sus dolores de manera segura.

Recuerde siempre que el duelo es un viaje, no un destino. Cada persona traza su propio camino y no hay una "curación" total, sino un alivio gradual. El dolor puede desvanecerse con el tiempo, pero deja cicatrices que testimonian el amor que siente por aquellos que ha perdido. Siga viviendo, busque nuevas formas de dar cabida a su duelo en su realidad diaria y aprenda a convivir con él como un compañero silencioso.

Tenga fe, siempre, en la capacidad infinita de su corazón para sanar y encontrar una nueva normalidad, incluso en medio de la noche más oscura. Cada día es una oportunidad para crecer, aprender y dar un paso más hacia la luz. El duelo puede parecer interminable, pero su corazón es el faro que lo guiará a través de las aguas turbulentas hacia la serenidad recuperada. El tiempo puede suavizar el dolor, pero el amor que siente por sus seres queridos perdidos siempre brillará en los rincones más profundos de su alma.

La resiliencia a largo plazo

La fuerza del espíritu humano, esa luz interior que brilla incluso en las más profundas tinieblas, es la resiliencia. Es la prueba viva de nuestra capacidad para levantarnos después de cada caída, enfrentar la tormenta de eventos traumáticos, reconstruir nuestro mundo después del duelo. Es la roca sólida sobre la cual construimos nuestro camino hacia la curación.

La resiliencia a largo plazo es el arte de mantener el equilibrio de la vida, incluso en medio de las sombras. Es la promesa de que la luz eventualmente penetrará las nubes más oscuras, que la tristeza dará paso a la alegría, que el dolor se aliviará para dar paso a la paz. Pero es importante recordar que la resiliencia no es una constante inquebrantable. Puede tambalearse, vacilar bajo el peso del dolor, y eso es completamente natural. Los momentos de debilidad no son fracasos, sino etapas cruciales hacia una mayor fortaleza.

En esta búsqueda de resiliencia, el apoyo de los demás juega un papel vital. Debemos tender la mano a quienes sufren, animarlos a seguir adelante a pesar de la pérdida. Es como ofrecerles una mano amiga para ayudarlos a atravesar el torrente del dolor. Debemos inspirarlos a abrazar la vida, redescubrir las pequeñas alegrías cotidianas, encontrar nuevos intereses, tejer nuevas tramas en el tejido de su existencia.

El duelo es un viaje difícil, un viaje que nos pone a prueba, que nos empuja a nuestros límites. Pero en el corazón de esta prueba, podemos descubrir tesoros ocultos, reservas de resiliencia que no sospechábamos. Podemos maravillarnos ante la fuerza silenciosa que reside en nosotros, nuestra capacidad para reinventarnos, renacer de nuestras cenizas.

Cada uno de nosotros lleva dentro esa llama interior, esa chispa de resiliencia. Puede parecer frágil en momentos, pero nunca se apaga completamente. Es la fuente de nuestra perseverancia, nuestra capacidad para superar la adversidad. Es el hilo conductor que nos guía a través de los meandros del duelo, recordándonos que la luz siempre volverá a brillar.

Así que, cuando atraviesas esos momentos oscuros, cuando el dolor parece insuperable, recuerda la resiliencia que duerme en ti. Es la clave de tu curación, el tesoro escondido en el corazón de la tormenta. Cultívala, aliméntala, y te llevará hacia la luz. Cada paso que das en este camino, cada esfuerzo que haces para seguir adelante a pesar del dolor, es un paso más hacia la curación.

La resiliencia es la historia de la humanidad, una historia de coraje, perseverancia y renacimiento. Es el testimonio de nuestra capacidad para superar las peores pruebas, encontrar la fuerza para seguir viviendo, abrazar la vida a pesar de la pérdida. Es el reflejo de nuestra resolución inquebrantable de encontrar la luz, incluso en el corazón de la oscuridad.

Nunca olvides que eres más fuerte de lo que crees, que la resiliencia fluye en tus venas, que tienes la capacidad de superar todas las tormentas. La vida puede ser dura, el duelo puede ser desgarrador, pero con la resiliencia como guía, puedes navegar a través de las aguas turbulentas hasta la serenidad recuperada. La luz volverá a brillar, y tu corazón, más fuerte que nunca, seguirá latiendo al ritmo de la vida.

Los hilos invisibles de nuestras relaciones sociales tejen la trama de nuestra resiliencia. En momentos de soledad y desesperación, estos lazos se convierten en nuestro salvavidas, evitando que nos hundamos en el abismo del dolor. Las relaciones saludables son como anclas, nos anclan en la realidad y nos impiden derivar hacia el aislamiento.

Cultivar estas relaciones, nutrirlas y preservarlas, es una de las claves de la resiliencia. Debemos aprender a rodearnos de personas que nos apoyen, que escuchen nuestras penas, que compartan nuestras alegrías. Estas conexiones humanas son nuestro remedio contra la soledad, nuestro refugio en la tormenta.

Pero la resiliencia no se limita al entorno social. También se basa en nuestra capacidad para navegar en el océano tumultuoso de nuestras emociones. Las emociones son como las olas del mar, pueden abrumarnos si no sabemos cómo domarlas. Por eso, es esencial aprender a acogerlas, comprenderlas, manejarlas sin dejarnos engullir.

En esta búsqueda de resiliencia, la terapia se convierte en nuestra brújula. Nos guía a través de los meandros de nuestros pensamientos y sentimientos. La terapia verbal ofrece un espacio seguro para expresar nuestras emociones, dolores, esperanzas. Nos enseña a poner palabras a nuestro sufrimiento, a compartirlo con otro ser humano compasivo.

La terapia de aceptación y compromiso nos enseña el arte de coexistir con el dolor mientras seguimos nuestras profundas valores. Nos muestra que la vida puede ser dolorosa, pero que podemos elegir avanzar a pesar de todo, continuar viviendo una vida que tenga sentido para nosotros.

La terapia de la resiliencia y la terapia cognitivo-conductual remodelan nuestra percepción de los eventos de la vida. Nos ayudan a ver la luz al final del túnel, a cambiar nuestra forma de pensar y reaccionar ante los desafíos. Nos dan las herramientas para fortalecer nuestra resiliencia, para volverse más fuertes frente a la adversidad.

La resiliencia a largo plazo no es un destino, sino un viaje. Un viaje marcado por obstáculos, dolores y dudas, pero también por maravillas, crecimiento y transformación. Con las cartas correctas en la mano, el apoyo de nuestros seres queridos y la voluntad de progresar, todos podemos emprender este valioso viaje.

La resiliencia es la capacidad del alma humana para reinventarse, elevarse por encima de las pruebas, encontrar la fuerza para seguir amando, creciendo y viviendo a pesar de todo. Es la prueba de que incluso en la oscuridad más profunda, un rayo de esperanza puede brillar. La resiliencia es la historia de cada ser humano, una historia de coraje, perseverancia y renacimiento.

Nunca olvides que eres más fuerte de lo que crees. La resiliencia fluye en tus venas, es la fuerza que te empuja a avanzar, a superar los desafíos de la vida. Cada paso que das en este camino, cada emoción que acoges, cada vínculo que cultivas, te acerca un poco más a la resiliencia. Y con la resiliencia como aliada, puedes enfrentar cualquier tormenta, encontrar paz en el dolor y seguir avanzando, paso a paso, hacia una vida plena de sentido y alegría.

Testimonios

Cada ser humano tiene su propia historia, única y valiosa. Esto es igualmente cierto en el caso del duelo. Por lo tanto, compartir historias vividas por aquellos que han atravesado el abismo del duelo es un elemento esencial en cualquier libro sobre este tema. Estos testimonios pueden encender estrellas en la oscuridad de aquellos que atraviesan este duro desafío, ayudándoles a comprender que no están solos. Podrán ver la resonancia universal del duelo, una experiencia que trasciende la edad, el género y la situación familiar.

Quizás podríamos recorrer juntos el camino de varias personas: mujeres y hombres, jóvenes adultos, niños, e incluso individuos que han perdido un gemelo o un miembro cercano de su familia. Las diferencias en la forma en que viven su duelo, los desafíos únicos que encuentran, resaltan la diversidad de esta experiencia.

Siguiendo su periplo, observaremos las montañas que han tenido que cruzar, las orillas de desesperación que han tenido que atravesar. Y en el corazón de cada relato, descubriremos las herramientas, las estrategias que han desplegado para enfrentar su duelo. Cada uno a su manera, han logrado forjar su propia resiliencia a largo plazo.

Sin embargo, estas historias no son guiones a seguir al pie de la letra. El duelo no es una coreografía uniforme; cada danza es única. Estos relatos sirven más bien como faros en la noche, luces que ilustran que hay tantas maneras de vivir el duelo como individuos.

Una de las lecciones primordiales de estas historias es la importancia de pedir ayuda. Si usted mismo o un ser querido atraviesa un duelo y tiene dificultades, no dude en solicitar el apoyo de un profesional de la salud mental.

Hay que entender que cada duelo es único. Algunas personas pueden tener reacciones diferentes, y eso es perfectamente normal. Los testimonios iluminan esta complejidad, recordando que el duelo no es un proceso lineal, sino un viaje sinuoso, jalonado de altibajos.

La presencia de testimonios en nuestros relatos es también un recordatorio de que aquellos que están de luto necesitan apoyo y empatía. Ofrecen una perspectiva valiosa sobre cómo podemos estar presentes para nuestros seres queridos en duelo, y cómo escucharlos, estar allí para ellos y ayudarles a encontrar formas de aliviar su dolor.

Finalmente, estos testimonios ilustran una esperanza poderosa: a pesar de la dificultad del viaje, la resiliencia está al alcance. Estos relatos de supervivencia y de reencuentros con un sentido de vida después del duelo pueden infundir esperanza en los corazones de los lectores, incitándolos a seguir viviendo a pesar de su dolor. Al compartir estas historias, todos podemos aprender, crecer y, finalmente, encontrar la luz en la oscuridad.

Imaginemos juntos algunas historias que iluminen los diversos rostros del duelo. Estos relatos ficticios sirven para conectarnos con la profundidad del dolor humano y, al mismo tiempo, nos muestran cómo la resiliencia puede encontrarse incluso en las situaciones más trágicas.

Visualicemos primero a Élodie, una joven en la flor de la edad, de 30 años. Repentinamente se convierte en viuda tras un accidente laboral que se lleva a su marido. Imagine la montaña de dolor que debe escalar, no solo por su propio corazón roto, sino también por sus dos hijos a quienes ahora debe criar sola. La pregunta sobre el sentido de la vida vuelve constantemente, como una sombra persistente. Es al involucrarse en causas que resuenan profundamente con ella que logra recuperar el gusto por la vida, una alegría que parecía perdida.

Imaginemos a Marie, una mujer de 45 años que perdió a su marido en un accidente de coche. Las primeras semanas fueron como una niebla espesa por la que vagaba; era incapaz de concentrarse, de tomar decisiones; sentía ira hacia su marido por su imprudencia. Con el tiempo, ha encontrado cierto consuelo en los recuerdos dulces y divertidos que tenía de su marido, en las actividades que les gustaba compartir juntos. Ha encontrado cierto consuelo cuidándose a sí misma, dedicándose al ejercicio y permitiéndose momentos de relajación. Aunque todavía hay momentos de tristeza, ahora es capaz de seguir viviendo sin su marido, alimentando una gratitud por los años que compartieron juntos.

Hablemos luego de Jean, un hombre de 55 años, que tuvo que despedirse de su única hija, arrebatada por el cáncer. Visualice las olas de dolor que han aplastado su vida, la cruda realidad de la pérdida haciéndose cada vez más evidente. La sanación para Jean se encuentra en actividades que le calman y le dan alegría, como la jardinería y la meditación. Estas actividades se convierten en santuarios de tranquilidad en su viaje de duelo.

Miremos a Thomas, un niño de ocho años que perdió a su madre en un accidente. El mundo de este niño, una vez lleno del calor materno, de repente se ha vuelto frío y confuso. ¿Por qué su madre ya no está allí para decirle buenas noches? Pero incluso en la confusión, surge la esperanza. Thomas ha encontrado cierto consuelo en las palabras de su padre, que habla suavemente de su madre, tejiendo una red de recuerdos para ayudar a Thomas a superar su duelo.

Prestemos ahora atención a la historia de una mujer de 45 años que perdió a su marido en un accidente de coche. Ha atravesado un viaje emocional intenso, pasando por el shock, la ira, la negación y la depresión. Es al compartir recuerdos de su marido con amigos, al participar en actividades que disfrutaban juntos y al buscar apoyo en grupos de personas en duelo que ha encontrado consuelo. También ha encontrado la paz concentrándose en su carrera y cuidando su bienestar físico y emocional.

Conozcamos a Sophie, una joven adulta de 22 años que perdió a su otra mitad, su hermano gemelo, en un accidente trágico. Su mundo está al revés, lleva el peso de vivir mientras su gemelo ya no está. La culpa, esa compañera no deseada, la atormenta. Aprende a navegar en las aguas turbulentas del duelo concentrándose en los recuerdos felices que compartía con su hermano, y tejiendo una nueva red de amistad. Transforma su dolor en un homenaje a la vida de su hermano.

Consideremos ahora la historia de Sophie, una adolescente de 16 años que perdió a su madre a causa de un cáncer. Los primeros meses después de la muerte, se sentía como si estuviera viviendo en un sueño, ajena a su propia realidad. El sentimiento de culpa por no haber estado lo suficientemente presente durante la enfermedad de su madre la carcomía, al igual que la ira que sentía hacia su padre y su familia por su incapacidad para salvar a su madre. Con el tiempo, al compartir sus sentimientos con un terapeuta y sus amigos, Sophie se dio cuenta de que es natural sentir ira y culpa. Tomó conciencia de que el pasado es inmutable, pero que su futuro está en sus manos y que puede aprender a vivir con la pérdida. Para recordar los momentos felices, comenzó a practicar actividades que su madre y ella disfrutaban compartir, como la lectura y la cocina. Involucrada en obras benéficas para personas con cáncer, encontró un sentido y una paz en la pérdida de su madre, demostrando una resiliencia sorprendente para su edad.

Encontremos a continuación a Julien, un niño de 10 años cuyo padre fue arrebatado en un accidente de coche. Tuvo que enfrentarse a la incomprensión y la ira hacia su padre por haberlo dejado solo. Gracias a la ayuda de un terapeuta y al apoyo de un grupo de duelo para niños,

Thomas encontró cierto consuelo y comenzó a navegar por las aguas turbulentas de su duelo.

Continuemos con Sarah, una joven de 14 años que perdió a su hermana gemela en un accidente de bote. El dolor de perder a su otra mitad era inmenso. Se sentía culpable por no haber podido proteger a su hermana. Al escribir cartas a su hermana fallecida y continuar con las actividades que les gustaba compartir, Sarah encontró cierta paz y una conexión duradera con su hermana.

Imaginemos a Maxime, un joven de 25 años que perdió a su padre a causa del cáncer. A pesar de su éxito y de los logros de los que su padre estaba orgulloso, Maxime se vio abrumado por el sentimiento de culpa por no haber estado presente en los últimos momentos de su padre. Al mismo tiempo, surgió una ira sorda hacia la enfermedad y la injusticia de la situación. Al hablar con otros que han experimentado la pérdida de un padre y al concentrar su energía en sus estudios y su trabajo, Maxime encontró un camino hacia la curación. Aunque todavía piensa a menudo en su padre, ha encontrado cierto grado de paz.

Consideremos ahora la historia de un hombre de 50 años, cuya vida ha sido trastornada por la pérdida de su esposa debido al cáncer. Su relato es como una melodía dolorosa, alternando tristeza y confusión, aceptación y resiliencia. A pesar de la dificultad de vivir sin su esposa, encontró la fuerza necesaria para cuidar de sus hijos. Encontró consuelo en la terapia, la meditación y el apoyo de los miembros de su familia y amigos.

Pensemos en una joven de 25 años que perdió a su hermano en un accidente. Atravesó una tormenta de emociones, oscilando entre la ira, la tristeza, la aceptación y la resiliencia. La vida sin su hermano es difícil, pero ha encontrado una fuerza interna para cuidar de sus padres. Su proceso de curación incluye terapia, meditación y actividades creativas que le permiten transformar su dolor en expresión artística.

Finalmente, presentemos a David, un chico de 12 años que perdió a su abuelo, con quien tenía una relación muy estrecha. La pérdida dejó un vacío en él, como si hubiera perdido una parte de sí mismo. Sin embargo, al compartir recuerdos de su abuelo con su familia y guardar una foto de él en su habitación, David encontró cierto consuelo y una conexión continua con su abuelo.

Estos relatos demuestran que el duelo es una prueba que trasciende las edades, los géneros y las situaciones personales. Cada historia de duelo es única, y sin embargo, en cada relato reside una chispa de resiliencia. Esta chispa puede guiarnos hacia la comprensión, la compasión y el acompañamiento de aquellos que están en el dolor. Y tal vez, a través de estas historias, podamos aprender a encender nuestra propia chispa de resiliencia, incluso en los momentos más oscuros.

Conclusión

En conclusión, mi más sincero deseo es que este libro haya abierto una nueva puerta a una comprensión más profunda de la experiencia del duelo, arrojando luz sobre las múltiples formas en que este proceso puede manifestarse. He intentado abarcar una multitud de temas, desde las diversas etapas del duelo hasta diversas métodos de acompañamiento para los en duelo, destacando al mismo tiempo las respuestas específicas y las necesidades asociadas a cada tipo de duelo. Se han incluido relatos personales de aquellos que han atravesado el fuego del duelo para ilustrar la universalidad del mismo, una prueba que puede afectar a cualquiera, en cualquier lugar.

Es crucial subrayar que el duelo es una danza que cada persona lleva a su propio ritmo, única e incomparable con la de los demás. No existe una "forma correcta" o "incorrecta" de atravesar esta prueba. Recuerden que el duelo es un viaje más que un destino, un proceso que puede requerir tiempo. Aquellos en duelo merecen tiempo, comprensión y apoyo, pues cada paso que dan es un paso hacia la curación.

Quisiera expresar mi gratitud a todos los autores y profesionales de la salud mental que han iluminado mi investigación para este libro. Les animo a explorar sus trabajos para profundizar en su comprensión del duelo y descubrir diversas estrategias de afrontamiento. Entre las voces eminentes en este campo, recomiendo a Élisabeth Kubler-Ross con su obra "El duelo, la experiencia de la pérdida", J. William Worden y su libro "Las 4 Tareas del duelo", e Irvin Yalom con su libro "La muerte, el amor, la vida". Además, existen innumerables grupos de apoyo y terapias que pueden servir de faros para aquellos que buscan atravesar la oscuridad del duelo.

Al compartir estas palabras, mi esperanza es que se sientan menos solos en su experiencia, que encuentren consuelo en el conocimiento y la comprensión, y que encuentren su propio camino a través de la complejidad del duelo. Recuerden que cada día es una nueva oportunidad para la curación, cada momento es un paso más en el camino hacia la aceptación. No están solos en este viaje.

Al concluir, les deseo a todos una vida llena de serenidad y tranquilidad, a pesar de las pruebas que puedan atravesar su camino. Les invito a ser amables consigo mismos y les ofrezco pistas de reflexión para aquellos que deseen brindar asistencia a personas en duelo, ya sean seres queridos, amigos o profesionales de la salud mental. No olvidemos que cada duelo es una experiencia singular; no existe una "fórmula mágica" para aliviar el dolor ajeno. Sin embargo, existen formas de convertirse en un pilar de apoyo efectivo para aquellos que atraviesan un duelo. Es fundamental escucharlos, validar sus sentimientos, ofrecerles una presencia cálida, darles espacio si es necesario y orientarlos hacia recursos profesionales si surge la necesidad. No olvidemos que el duelo es un proceso que toma tiempo, es normal no "curarse" instantáneamente. Finalmente, es crucial ser pacientes, comprensivos y continuar mostrando amor y atención hacia la persona en duelo, incluso después de varios meses o años.

En cuanto a recursos adicionales, un océano de libros sobre el duelo puede ser de gran ayuda para aquellos que están en duelo y para sus seres queridos. Algunas obras dignas de mención incluyen:

— "El duelo que no pasa" de Élisabeth Kubler-Ross

— "El duelo: comprender y superar" de Alan Wolfelt

— "A Grief Observed" de C.S. Lewis

— "The Year of Magical Thinking" de Joan Didion

— "Man's Search for Meaning" de Viktor Frankl. También existen numerosos grupos de apoyo destinados a personas en duelo, así como diferentes terapias, como la terapia de la palabra o la terapia conductual, que pueden resultar beneficiosas para superar el duelo.

Cada vida es un viaje único, y aun en el dolor, hay lecciones valiosas que aprender y belleza por descubrir. Mi más ferviente deseo es que encuentren, en este viaje, la paz y el sentido que iluminan incluso los momentos más oscuros. Recuerden, en el dolor como en la alegría, todos estamos juntos en esta tierra, unidos por la misma humanidad.

Del mismo autor

Novelas

— Amor y Sangre (2 volúmenes)

— El Embudo de la Muerte

— Sinjar mi Amor

—Tiguentourine

— Niños de Gaza

— Hijos del Dolor

— Un Amor Talibán

— Dios, Arena y Sangre

— El Espejo del Amor

— La Impostura del Amor

— Los Gritos del Tintero

— Las Lágrimas del Tintero

— Yazán

— Odisea en la Selva

— Epopeya Ucraniana:

• Volumen 1: Ecos de Crimea

• Volumen 2: Un amor Ucraniano

• Volumen 3: Risas y Lágrimas

- Volumen 4: Babi Yar

Colecciones de poesía

— Tréboles de Orán

— Tormenta en el Reloj de Arena

— Discursos del Alma

— Discursos del Corazón

— Las Flores del Dolor

Ensayos y guías

— Realización Emocional

- Asunto Beur

— Exploración Espiritual: encontrar la luz interior

— De la Timidez a la Confianza

— Más allá del Duelo: hacia un nuevo capítulo en la vida

— Despertar Vital: la búsqueda del máximo bienestar

— Amar y Sufrir: la angustia entre los adolescentes

— Más allá de la Muerte: vivir una vida significativa

— Las claves de la felicidad

— Las claves del éxito: las reglas esenciales de la vida

— El ciudadano patriótico

— BAC: Las claves del éxito

— Cómo convertirse en escritor

— La Filosofía de la Vida

— Libertad de agresión

Historias de niños

— David y Goliat: 07 episodios

— El Pequeño Corona: 10 episodios

Did you love *Más Allá del Duelo*? Then you should read *Amar y Sufrir*[1] by Benak!

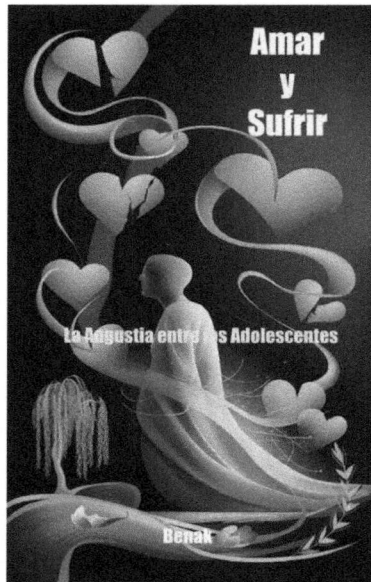

En Amar y Sufrir, el autor ofrece un análisis profundo y matizado del desamor, abordándolo desde múltiples perspectivas y ofreciendo mucho más que una simple exploración de las emociones relacionadas con una ruptura. Esta obra examina las dinámicas sociales, culturales y de género que influyen en este dolor universal, mientras ofrece herramientas prácticas para afrontarlo, especialmente para los jóvenes.

El libro comienza con una definición clara del desamor, a menudo mal comprendido, explorando sus aspectos psicológicos y emocionales. Ya sea el fin de una relación romántica o una desilusión sentimental, Amar y Sufrir decodifica esta compleja experiencia humana, situándola dentro de un marco sociocultural más amplio. El autor pone de relieve

1. https://books2read.com/u/3kjL2R

2. https://books2read.com/u/3kjL2R

cómo las expectativas sociales y las normas culturales moldean nuestra percepción del dolor amoroso y cómo influyen en nuestras reacciones ante una separación.

Cada sociedad tiene una visión única de la tristeza amorosa, y este libro explora estas diferencias a través del prisma de las tradiciones familiares y las presiones sociales. Cuestiona el impacto de estos factores en nuestros comportamientos emocionales, subrayando el papel crucial que juegan los padres y las personas cercanas en el apoyo a los jóvenes que sufren por desamor.

Un capítulo clave se centra en el análisis de género, donde el autor deconstruye los estereotipos comunes sobre cómo hombres y mujeres experimentan y expresan el dolor emocional tras una ruptura. A través de ejemplos concretos, muestra cómo estas diferencias pueden afectar la manera en que cada persona enfrenta el desamor y recupera su equilibrio emocional.

Se presta especial atención a los jóvenes, para quienes una primera ruptura amorosa puede ser particularmente intensa. El libro ofrece herramientas específicas para ayudar a los adolescentes a entender y superar este obstáculo emocional. Los padres también encontrarán consejos valiosos sobre cómo apoyar a sus hijos, con ejemplos de diálogos constructivos que fomentan una comunicación sana y un apoyo emocional adecuado.

Finalmente, Amar y Sufrir presenta estrategias prácticas para recuperarse tras una ruptura, ya sea que seas un joven enfrentando una prueba emocional o un adulto que busca reconstruir su vida. El autor explora la gestión emocional, la importancia de la autoestima y las técnicas de dejar ir para ayudar a los lectores a seguir adelante y abrazar el futuro con optimismo.

Este libro nos recuerda que el desamor, aunque doloroso, es una emoción natural y universal que debe ser aceptada para superarse. Al desmitificar esta experiencia, Amar y Sufrir anima a los lectores a ver el desamor no como un final, sino como una oportunidad para el crecimiento personal y la resiliencia. A través de testimonios inspiradores y ejemplos cercanos, invita a los lectores a convertir su dolor en fuerza interior y avanzar hacia un futuro mejor.

Also by Benak

Desarrollo Personal
Bachillerato : Las Claves del Éxito
Plenitud Emocional: Navegar Hacia el Bienestar Interior
El Caso Beur
Más Allá de la Muerte
De la Timidez a la Confianza
Amar y Sufrir
Más Allá del Duelo

DÉVELOPPEMENT PERSONNEL
BAC : Les Clés du Succès
Épanouissement Émotionnel
Au-delà de la Mort
De la Timidité à la Confiance
Aimer et Souffrir
Par-Delà le Deuil

La Epopeya Ucraniana: Amor y Conflicto
Ecos Desde Crimea
Un Amor Ukranio

Risas y Lágrimas
Babi Yar

L'Épopée Ukrainienne : Amour et Conflit
Les Échos De La Crimée
Un Amour Ukrainien
Amour Et Guerre, Rires Et Pleurs
Babi Yar

Personal Development
Baccalaratte : Strategies for Success
Emotional Fulfillment
The Beur Case
Beyond Death
From Shyness to Confidence
Love and Suffering
Beyond Grief

The Ukrainian Epic: Love and Conflict
Echoes From Crimea
Ukrainian Love
Cry & Laugh
Babi Yar

Standalone
Jungle Odyssey

Milton Keynes UK
Ingram Content Group UK Ltd.
UKHW040809051024
449151UK00001B/60

9 798227 165220